SOPHISMES
ÉCONOMIQUES

PAR

M. FRÉDÉRIC BASTIAT

MEMBRE CORRESPONDANT DE L'INSTITUT ET DU CONSEIL GÉNÉRAL
DES LANDES.

Deuxième Série.

La requête de l'industrie au gouvernement
est aussi modeste que celle de Diogène à
Alexandre : OTE-TOI DE MON SOLEIL.

(BENTHAM.)

PARIS

GUILLAUMIN ET Cᵗᵉ, LIBRAIRES-ÉDITEURS

du Journal des Économistes, de la Collect. des principaux économistes, etc.

14, RUE RICHELIEU.

1848

SOPHISMES ÉCONOMIQUES.

DEUXIÈME SÉRIE.

IMPRIMERIE DE BEAU,

A SAINT-GERMAIN-EN-LAYE.

SOPHISMES
ÉCONOMIQUES

PAR

M. FRÉDÉRIC BASTIAT

Membre correspondant de l'Institut et du Conseil général des Landes.

Deuxième Série.

> La requête de l'industrie au gouvernement
> est aussi modeste que celle de Diogène à
> Alexandre : Ôte-toi de mon soleil.
>
> (Bentham.)

PARIS,

GUILLAUMIN ET Cie, LIBRAIRES-ÉDITEURS

du Journal des Économistes, de la Collect. des principaux économistes, etc,

14, RUE RICHELIEU.

1848

SOPHISMES ÉCONOMIQUES.

DEUXIÈME SÉRIE.

I. — Physiologie de la Spoliation.

Pourquoi irais-je m'aheurter à cette science aride, l'*Économie politique?* »

Pourquoi? — La question est judicieuse. Tout travail est assez répugnant de sa nature, pour qu'on ait le droit de demander où il mène.

Voyons, cherchons.

Je ne m'adresse pas à ces philosophes qui font profession d'adorer la misère, sinon en leur nom, du moins au nom de l'humanité.

Je parle à quiconque tient la *Richesse* pour quelque chose. — Entendons par ce mot, non l'opulence de quelques-uns, mais l'aisance, le bien-être, la sécurité, l'indépendance, l'instruction, la dignité de tous

Il n'y a que deux moyens de se procurer les choses nécessaires à la conservation, à l'embellis-

sement et au perfectionnement de la vie : la PRO-
DUCTION et la SPOLIATION.

Quelques personnes disent : la SPOLIATION est
un accident, un abus local et passager, flétri par la
morale, réprouvé par la loi, indigne d'occuper
l'*Economie politique*.

Cependant, quelque bienveillance, quelqu'opti-
misme que l'on porte au cœur, on est forcé de reconnaître que la SPOLIATION s'exerce dans ce monde
sur une trop vaste échelle, qu'elle se mêle trop universellement à tous les grands faits humains, pour
qu'aucune science sociale, et l'*Economie politique*
surtout, puisse se dispenser d'en tenir compte.

Je vais plus loin. Ce qui sépare l'ordre social
de la perfection (du moins de toute celle dont il
est susceptible), c'est le constant effort de ses
membres pour vivre et se développer aux dépens
les uns des autres.

En sorte que si la SPOLIATION n'existait pas, la
société étant parfaite, les sciences sociales seraient
sans objet.

Je vais plus loin encore. Lorsque la SPOLIATION
est devenue le moyen d'existence d'une agglomé-
ration d'hommes unis entr'eux par le lien social,
ils se font bientôt une loi qui la sanctionne, une
morale qui la glorifie.

Il suffit de nommer quelques-unes des formes
les plus tranchées de la *Spoliation*, pour montrer
quelle place elle occupe dans les transactions humaines.

C'est d'abord la Guerre. — Chez les sauvages, le vainqueur tue le vaincu pour acquérir au gibier, un droit sinon incontestable, du moins *incontesté*.

C'est ensuite l'Esclavage. — Quand l'homme comprend qu'il est possible de féconder la terre par le travail, il fait avec son frère ce partage : « A toi la fatigue, à moi le produit. »

Vient la Théocratie. — « Selon ce que tu me donneras ou me refuseras de ce qui t'appartient, je t'ouvrirai la porte du ciel ou de l'enfer. »

Enfin arrive le Monopole. — Son caractère distinctif est de laisser subsister la grande loi sociale : *Service pour service*, mais de faire intervenir la force dans le débat et par suite d'altérer la juste proportion entre le *service reçu* et le *service rendu*.

La Spoliation porte toujours dans son sein le germe de mort qui la tue. Rarement c'est le grand nombre qui spolie le petit nombre. En ce cas, celui-ci se réduirait promptement au point de ne pouvoir plus satisfaire la cupidité de celui-là, et la Spoliation périrait faute d'aliment.

Presque toujours c'est le grand nombre qui est opprimé, et la Spoliation n'en est pas moins frappée d'un arrêt fatal.

Car si elle a pour agent la Force, comme dans la Guerre et l'Esclavage, il est naturel que la Force à la longue passe du côté du grand nombre.

Et si c'est la Ruse, comme dans la Théocratie et le Monopole, il est naturel que le grand nombre s'éclaire, sans quoi l'intelligence ne serait pas l'intelligence.

Une autre loi providentielle dépose un second germe de mort au cœur de la Spoliation, c'est celle-ci :

La Spoliation ne *déplace* pas seulement la richesse, elle en *détruit* toujours une partie.

La Guerre anéantit bien des valeurs.

L'Esclavage paralyse bien des facultés.

La Théocratie détourne bien des efforts vers des objets puerils ou funestes

Le Monopole aussi fait passer la richesse d'une poche à l'autre ; mais il s'en perd beaucoup dans le trajet.

Cette loi est admirable. — Sans elle, pourvu qu'il y eût équilibre de forces entre les oppresseurs et les opprimés, la Spoliation n'aurait pas de terme. — Grâce à elle, cet équilibre tend toujours à se rompre, soit parce que les Spoliateurs se font conscience d'une telle déperdition de richesses, soit, en l'absence de ce sentiment, parce que le mal empire sans cesse, et qu'il est dans la nature de ce qui empire toujours, de finir.

Il arrive en effet un moment où, dans son accélération progressive, la déperdition des richesses est telle que le Spoliateur est moins riche qu'il n'eût été en restant honnête.

Tel est un peuple à qui les frais de guerre coûtent plus que ne vaut le butin.

Un maître qui paie plus cher le travail esclave que le travail libre.

Une Théocratie qui a tellement hébété le peuple et détruit son énergie qu'elle n'en peut plus rien tirer.

Un Monopole qui agrandit ses efforts d'absorption à mesure qu'il y a moins à absorber, comme l'effort de traire s'accroît à mesure que le pis est plus desséché.

Le Monopole, on le voit, est une Espèce du Genre Spoliation. Il a plusieurs Variétés, entr'autres la Sinécure, le Privilége, la Restriction.

Parmi les formes dont il se revêt, il y en a de simples et naïves. Tels étaient les droits féodaux. Sous ce régime la masse est spoliée et le sait. Il implique l'abus de la force et tombe avec elle.

D'autres sont très-compliquées. Souvent alors la masse est spoliée et ne le sait pas. Il peut même arriver qu'elle croie tout devoir à la Spoliation, et ce qu'on lui laisse, et ce qu'on lui prend, et ce qui se perd dans l'opération. Il y a plus, j'affirme que, dans la suite des temps, et grâce au mécanisme si ingénieux de la *coutume,* beaucoup de Spoliateurs le sont sans le savoir et sans le vouloir. Les Monopoles de cette variété sont engendrés par la Ruse et nourris par l'Erreur. Ils ne s'évanouissent que que devant la Lumière.

J'en ai dit assez pour montrer que l'Economie politique a une utilité pratique évidente. C'est le flambeau qui, dévoilant la Ruse et dissipant l'Erreur, détruit ce désordre social , la Spoliation. Quelqu'un, je crois que c'est une femme, et elle avait bien raison, l'a ainsi définie : *C'est la serrure de sûreté du pécule populaire.*

Commentaire.

Si ce petit livre était destiné à traverser trois ou quatre mille ans, à être lu, relu, médité, étudié phrase à phrase, mot à mot, lettre à lettre, de génération en génération, comme un Koran nouveau ; s'il devait attirer dans toutes les bibliothèques du monde des avalanches d'annotations, éclaircissements et paraphrases, je pourrais abandonner à leur sort, dans leur concision un peu obscure, les pensées qui précèdent. Mais puisqu'elles ont besoin de commentaire, il me paraît prudent de les commenter moi-même.

La véritable et équitable loi des hommes c'est : *Echange librement débattu de service contre service.* La Spoliation consiste à bannir par force ou par ruse la liberté du débat afin de recevoir un service sans le rendre.

La Spoliation par la force s'exerce ainsi : On attend qu'un homme ait produit quelque chose qu'on lui arrache l'arme au poing.

Elle est formellement condamnée par le décalogue : *Tu ne prendras point.*

Quand elle se passe d'individu à individu, elle se

nomme *vol* et mène au bagne ; quand c'est de nation à nation, elle prend nom *conquête* et conduit à la gloire.

Pourquoi cette différence? Il est bon d'en rechercher la cause. Elle nous révélera une puissance irrésistible, l'Opinion qui, comme l'atmosphère, nous enveloppe d'une manière si absolue, que nous ne la remarquons plus. Car Rousseau n'a jamais dit une vérité plus vraie que celle-ci : Il faut beaucoup de philosophie pour observer les faits qui sont trop près de nous.

Le *voleur*, par cela même qu'il agit isolément, a contre lui l'opinion publique. Il alarme tous ceux qui l'entourent. Cependant, s'il a quelques associés, il s'enorgueillit devant eux de ses prouesses, et l'on peut commencer à remarquer ici la force de l'Opinion; car il suffit de l'approbation de ses complices pour lui ôter le sentiment de sa turpitude et même le rendre vain de son ignominie.

Le *guerrier* vit dans un autre milieu. L'Opinion qui le flétrit est ailleurs, chez les nations vaincues ; il n'en sent pas la pression. Mais l'Opinion qui est autour de lui l'approuve et le soutient. Ses compagnons et lui sentent vivement la solidarité qui les lie. La patrie qui s'est créé des ennemis et des dangers a besoin d'exalter le courage de ses enfants. Elle décerne aux plus hardis, à ceux qui, élargissant ses frontières, y ont apporté le plus de butin, les honneurs, la renommée, la gloire. Les poètes chantent leurs exploits et les femmes leur tressent des couronnes. Et telle est la puissance de l'Opinion qu'elle sépare de la Spoliation l'idée d'injustice et ôte au spoliateur jusqu'à la conscience de ses torts.

L'Opinion qui réagit contre la spoliation militaire, placée non chez le peuple spoliateur mais chez le peuple spolié, n'exerce que bien peu d'influence. Cependant, elle n'est pas tout à fait inefficace, et d'autant moins que les nations se fréquentent et se comprennent davantage. Sous ce rapport, on voit que l'étude des langues et la libre communication des peuples tendent à faire prédominer l'opinion contraire à ce genre de spoliation.

Malheureusement, il arrive souvent que les natio qui entourent le peuple spoliateur sont elles-mêmes spoliatrices, quand elles le peuvent, et dès lors imbues des mêmes préjugés.

Alors, il n'y a qu'un remède : le temps. Il faut que les peuples aient appris, par une rude expérience, l'énorme désavantage de se spolier les uns les autres.

On parlera d'un autre frein : la moralisation. Mais la moralisation a pour but de multiplier les actions vertueuses. Comment donc restreindra-t-elle les actes spoliateurs quand ces actes sont mis par l'Opinion au rang des plus hautes vertus ? Y a-t-il un moyen plus puissant de moraliser un peuple que la Religion ? Y eut-il jamais Religion plus favorable à la paix et plus universellement admise que le Christianisme ? Et cependant qu'a-t-on vu pendant dix-huit siècles ? On a vu les hommes se battre non-seulement malgré la Religion, mais au nom de la Religion même.

Un peuple conquérant ne fait pas toujours la guerre offensive. Il a aussi de mauvais jours. Alors ses soldats défendent le foyer domestique, la propriété, la famille, l'indépendance, la liberté. La guerre prend un caractère de sainteté et de grandeur. Le drapeau, bénit par les ministres du Dieu de paix, représente tout ce qu'il y a de sacré sur la terre ; on s'y attache comme à la vivante image de la patrie et de l'honneur ; et les vertus guerrières sont exaltées au-dessus de toutes les autres vertus. — Mais le danger passé, l'Opinion subsiste, et, par une naturelle réaction de l'esprit de vengeance qui se confond avec le patriotisme, on aime à promener le drapeau chéri de capitale en capitale. Il semble que la nature ait préparé ainsi le châtiment de l'agresseur.

C'est la crainte de ce châtiment, et non les progrès de la philosophie, qui retient les armes dans les arsenaux, car, on ne peut pas le nier, les peuples les plus avancés en civilisation font la guerre, et se préoccupent bien peu de justice quand ils n'ont pas de représailles à redouter. Témoins, l'Hymalaya, l'Atlas et le Caucase.

Si la religion a été impuissante, si la philosophie est impuissante, comment donc finira la guerre ?

L'Économie politique démontre que, même à ne considérer que le peuple victorieux, la guerre se fait toujours dans l'intérêt du petit nombre et aux dépens des masses. Il suffit donc que les masses aperçoivent clairement cette vérité. Le poids de l'Opinion, qui se partage encore, pèsera tout entier du coté de la paix.

La Spoliation exercée par la force prend encore une autre forme. On n'attend pas qu'un homme ait produit une chose pour la lui arracher. On s'empare de l'homme lui-même; on le dépouille de sa propre personnalité ; on le contraint au travail ; on ne lui dit pas : *Si tu prends cette peine pour moi, je prendrai cette peine pour toi.* On lui dit : *A toi toutes les fatigues, à moi toutes les jouissances.* C'est l'Esclavage, qui implique toujours l'abus de la force.

Or, c'est une grande question de savoir s'il n'est pas dans la nature d'une force incontestablement dominante d'abuser toujours d'elle-même. Quant à moi, je ne m'y fie pas, et j'aimerais autant attendre d'une pierre qui tombe la puissance qui doit l'arrêter dans sa chute, que de confier à la force sa propre limite.

Je voudrais, au moins, qu'on me montrât un pays, une époque où l'Esclavage a été aboli par la libre et gracieuse volonté des maîtres.

L'Esclavage fournit un second et frappant exemple de l'insuffisance des sentiments religieux et philanthropiques aux prises avec l'énergique sentiment de l'intérêt. Cela peut paraître triste à quelques Ecoles modernes qui cherchent dans l'abnégation le principe réformateur de la société. Qu'elles commencent donc par réformer la nature de l'homme.

Aux Antilles, les maîtres professent de père en fils, depuis l'institution de l'esclavage, la Religion chrétienne. Plusieurs fois par jour ils répètent ces paroles : « Tous les hommes sont frères ; aimer son prochain, c'est accomplir toute la loi. » — Et pourtant ils ont des esclaves. Rien ne leur semble plus naturel et plus légitime. Les réformateurs modernes espèrent-ils que leur morale sera jamais aussi universellement acceptée, aussi populaire, aussi forte d'autorité, aussi souvent sur toutes les lèvres que l'Evangile ? Et si l'Evangile n'a pu passer des lèvres au cœur par-dessus ou à travers la grande barrière de l'intérêt, comment espèrent-ils que leur morale fasse ce miracle ?

Mais quoi ! l'Esclavage est-il donc invulnérable ? Non ; ce qui l'a fondé le détruira, je veux dire l'*Intérêt*, pourvu que, pour favoriser les intérêts spéciaux qui ont créé la plaie, on ne contrarie pas les intérêts généraux qui doivent la guérir.

C'est encore une vérité démontrée par l'Economie politique que le travail libre est essentiellement progressif et le travail esclave nécessairement stationnaire. En sorte que le triomphe du premier sur le second est inévitable. Qu'est devenue la culture de l'indigo par les noirs ?

Le travail libre appliqué à la production du su-

cre en fera baisser de plus en plus le prix. A mesure, l'esclave sera de moins en moins lucratif pour
son maître. L'esclavage serait depuis longtemps
tombé de lui-même en Amérique, si, en Europe,
les lois n'eussent élevé artificiellement le prix du
sucre. Aussi nous voyons les maîtres, leurs créanciers et leurs délégués travailler activement à maintenir ces lois qui sont aujourd'hui les colonnes de
l'édifice.

Malheureusement, elles ont encore la sympathie
des populations du sein desquelles l'esclavage a
disparu; par où l'on voit qu'encore ici l'Opinion
est souveraine.

Si elle est souveraine, même dans la région de
la Force, elle l'est à bien plus forte raison dans le
monde de la Ruse. A vrai dire, c'est là son do-
maine. La Ruse, c'est l'abus de l'intelligence; le
progrès de l'opinion, c'est le progrès des intelli-
gences. Les deux puissances sont au moins de
même nature. Imposture chez le spoliateur implique crédulité chez le spolié, et l'antidote naturel
de la crédulité c'est la vérité. Il s'ensuit qu'éclairer les esprits, c'est ôter à ce genre spoliation
son aliment.

Je passerai brièvement en revue quelques-unes
des spoliations qui s'exercent par la Ruse sur une
très-grande échelle.

La première qui se présente c'est la Spoliation par ruse Théocratique.

De quoi s'agit-il? De se faire rendre en aliments, vêtements, luxe, considération, influence, pouvoir , des servicec réels contre des services fictifs.

Si je disais à un homme : — « Je vais te rendre des services immédiats, » — il faudrait bien tenir parole ; faute de quoi cet homme saurait bientot à quoi s'en tenir, et ma ruse serait promptement démasquée.

Mais si je lui dis : — « En échange de tes services, je te rendrai d'immenses services, non dans ce monde, mais dans l'autre. Après cette vie, tu peux être éternellement heureux ou malheureux et cela dépend de moi ; je suis un être intermédiaire entre Dieu et sa créature, et puis, à mon gré, t'ouvrir les portes du ciel ou de l'enfer. » — Pour peu que cet homme me croie, il est à ma discrétion.

Ce genre d'imposture a été pratiqué très en grand depuis l'origine du monde , et l'on sait à quel degré de toute-puissance étaient arrivés les prêtres égyptiens.

Il est aisé de savoir comment procèdent les imposteurs. Il suffit de se demander ce qu'on ferait à leur place.

Si j'arrivais, avec des vues de cette nature, au milieu d'une peuplade ignorante, et que je parvinsse, par quelque acte extraordinaire et d'une apparence merveilleuse, à me faire passer pour un être surnaturel, je me donnerais pour un envoyé de Dieu, ayant sur les futures destinées des hommes un empire absolu.

Ensuite, j'interdirais l'examen de mes titres ; je ferais plus : comme la raison serait mon ennemi le plus dangereux, j'interdirais l'usage de la raison même, au moins appliquée à ce sujet redoutable. Je ferais de cette question, et de toutes celqui s'y rapportent, des questions *tabou*, comme disent les sauvages. Les résoudre, les agiter, y penser même, serait un crime irrémissible.

Certes, ce serait le comble de l'art de mettre une barrière *tabou* à toutes les avenues intellectuelles qui pourraient conduire à la découverte de ma supercherie. Quelle meilleure garantie de sa durée que de rendre le doute même sacrilége ?

Cependant, à cette garantie fondamentale, j'en ajouterais d'accessoires. Par exemple, pour que la lumière ne pût jamais descendre dans les masses, je m'attribuerais, ainsi qu'à mes complices, le monopole de toutes les connaissances, je les cacherais sous les voiles d'une langue morte, et d'une écriture hiéroglyphique, et, pour n'être jamais surpris par aucun danger, j'aurais soin d'inventer une institution qui me ferait pénétrer, jour par jour, dans le secret de toutes les consciences.

Il ne serait pas mal non plus que je satisfisse à

quelques besoins réels de mon peuple, surtout si, en le faisant, je pouvais accroître mon influence et mon autorité. Ainsi les hommes ont un grand besoin d'instruction et de morale ; je m'en ferais le dispensateur. Par là je dirigerais à mon gré l'esprit et le cœur de mon peuple. J'entrelacerais dans une chaîne indissoluble la morale et mon autorité ; je les représenterais comme ne pouvant exister l'une sans l'autre, en sorte que si quelque audacieux tentait enfin de remuer une question *tabou*, la société tout entière, qui ne peut se passer de morale, sentirait le terrain trembler sous ses pas, et se tournerait avec rage contre ce novateur téméraire,

Quand les choses en seraient là , il est clair que ce peuple m'appartiendrait plus que s'il était mon esclave. L'esclave maudit sa chaîne, mon peuple bénirait la sienne, et je serais parvenu à imprimer, non sur les fronts, mais au fond des consciences, le sceau de la servitude.

L'Opinion seule peut renverser un tel édifice d'iniquité; mais par où l'entamera-t-elle, si chaque pierre est *tabou?* — C'est l'affaire du temps et de l'imprimerie.

A Dieu ne plaise que je veuille ébranler ici ces croyances consolantes qui *relient* cette vie d'épreuves à une vie de félicités. Mais qu'on ait abusé de l'irrésistible pente qui nous entraîne vers elles, c'est ce que personne, pas même le chef de la chrétienté, ne pourrait contester. Il y a, ce me semble, un signe pour reconnaître si un peuple est dupe ou ne l'est pas. Examinez la Religion et le prêtre ; examinez si le prêtre est l'instrument de la Religion, ou si la Religion est l'instrument du prêtre.

Si *le prêtre est l'instrument de la Religion*, s'il ne songe qu'à étendre sur la terre sa morale et ses bienfaits, il sera doux, tolérant, humble, charitable, plein de zèle ; sa vie reflètera celle de son divin modèle ; il prêchera la liberté et l'égalité parmi les hommes, la paix et la fraternité entre les nations ; il repoussera les séductions de la puissance temporelle, ne voulant pas faire alliance avec ce qui a le plus besoin de frein en ce monde; il sera l'homme du peuple , l'homme des bons conseils et des douces consolations, l'homme de l'Opinion, l'homme de l'Évangile.

Si, au contraire, *la Religion est l'instrument du prêtre*, il la traitera comme on traite un instrument qu'on altère, qu'on plie, qu'on retourne en toutes façons, de manière à en tirer le plus grand avantage pour soi. Il multipliera les questions *tabou ;* sa morale sera flexible comme les temps, les hommes et les circonstances. Il cherchera à en imposer par des gestes et des attitudes étudiés; il marmottera cent fois par jour des mots dont le sens sera évaporé, et qui ne seront plus qu'un vain *conventionalisme*. Il trafiquera des choses saintes, mais tout juste assez pour ne pas ébranler la foi en leur sainteté, et il aura soin que le trafic soit d'autant moins ostensiblement actif que le peuple est plus clairvoyant. Il se mêlera des intrigues de la terre ; il se mettra toujours du côté des puissants à la seule condition que les puissants se mettront de son coté. En un mot, dans tous ses actes, on reconnaîtra qu'il ne veut pas faire avancer la Religion par le clergé, mais le clergé par la Religion; et comme tant d'efforts supposent un but, comme ce but, dans cette hypothèse, ne peut être autre que la puissance et la richesse, le signe définitif que le peuple est dupe, c'est quand le prêtre est riche et puissant.

Il est bien évident qu'on peut abuser d'une Religion vraie comme d'une Religion fausse. Plus même son autorité est respectable, plus il est à craindre qu'on pousse loin l'épreuve. Mais il y a bien de la différence dans les résultats. L'abus insurge toujours la partie saine, éclairée, indépendante d'un peuple. Il ne se peut pas que la foi n'en soit ébranlée, et l'affaiblissement d'une Religion vraie est bien autrement funeste que l'ébranlement d'une Religion fausse.

La Spoliation par ce procédé et la clairvoyance d'un peuple sont toujours en proportion inverse l'une de l'autre, car il est de la nature des abus d'aller tant qu'ils trouvent du chemin. Non qu'au milieu de la population la plus ignorante, il ne se rencontre des prêtres purs et dévoués, mais comment empêcher le fourbe de revêtir la soutane et l'ambition de ceindre la mitre? Les spoliateurs

obéissent à la loi malthusienne : ils multiplient
comme les moyens d'existence ; et les moyens
d'existence des fourbes, c'est la crédulité de leurs
dupes. On a beau chercher, on trouve toujours
qu'il faut que l'Opinion s'éclaire. Il n'y a pas d'autre Panacée.

Une autre variété de Spoliation par la ruse s'appelle *fraude commerciale*, nom qui me semble
beaucoup trop restreint, car ne s'en rend pas coupable seulement le marchand qui altère la denrée
ou raccourcit son mètre, mais aussi le médecin qui
se fait payer des conseils funestes, l'avocat qui
embrouille les procès, etc. Dans l'échange entre
deux services, l'un est de mauvais aloi : mais ici,
le service reçu étant toujours préalablement et
volontairement agréé, il est clair que la Spoliation
de cette espèce doit reculer à mesure que la
clairvoyance publique avance.

Vient ensuite l'abus des *services publics*, champ
immense de Spoliation, tellement immense que
nous ne pouvons y jeter qu'un coup d'œil.

Si Dieu avait fait de l'homme un animal solitaire, chacun travaillerait pour soi. La richesse
individuelle serait en proportion des services que
chacun se rendrait à soi même.

Mais *l'homme étant sociable, les services s'é-
changent les uns contre les autres*, proposition
que vous pouvez, si cela vous convient, construire
a rebours.

Il y a dans la société des besoins tellement généraux, tellement universels, que ses membres y pourvoient en organisant des *services publics.* Tel est le besoin de la sécurité. On se concerte, on se cotise pour rémunérer en *services* divers ceux qui rendent le *service* de veiller à la sécurité commune.

Il n'y a rien là qui soit en dehors de l'Économie politique : *Fais ceci pour moi, je ferai cela pour toi.* L'essence de la transaction est la même, le procédé rémunératoire seul est différent; mais cette circonstance a une grande portée.

Dans les transactions ordinaires chacun reste juge soit du service qu'il reçoit, soit du service qu'il rend. Il peut toujours ou refuser l'échange ou le faire ailleurs, d'où la nécessité de n'apporter sur le marché que des services qui se feront volontairement agréer.

Il n'en est pas ainsi avec l'Etat, surtout avant l'avénement des gouvernements représentatifs. Que nous ayons ou non besoin de ses services, qu'ils soient de bon ou de mauvais aloi, il nous faut toujours les accepter tels qu'il les fournit et les payer au prix qu'il y met.

Or, c'est la tendance de tous les hommes de voir par le petit bout de la lunette les services qu'ils rendent, et par le gros bout les services qu'ils reçoivent, et les choses iraient bon train si nous n'avions pas, dans les transactions privées, la garantie du *prix débattu.*

Cette garantie, nous ne l'avons pas ou nous ne

l'avons guère dans les transactions publiques. —
Et cependant, l'État, composé d'hommes (quoique
de nos jours on insinue le contraire), obéit à
l'universelle tendance. Il veut nous *servir* beaucoup, nous servir plus que nous ne voulons, et
nous faire agréer comme vrais *services* ce qui
est quelquefois loin de l'être, et cela, pour nous
imposer en retour des *services* ou contributions.

L'État aussi est soumis à la loi malthusienne.
Il tend à dépasser le niveau de ses moyens d'existence, il grossit en proportion de ces moyens, et
ce qui le fait exister c'est la substance des peuples. Malheur donc aux peuples qui ne savent pas
limiter la sphère d'action de l'État. Liberté, activité privée, richesse, bien-être, indépendance,
dignité, tout y passera.

Car il y a une circonstance qu'il faut remarquer,
c'est celle-ci : Parmi les services que nous demandons à l'État, le principal est la *sécurité*. Pour
nous la garantir, il faut qu'il dispose d'une force
capable de vaincre toutes les forces particulières
ou collectives, intérieures ou extérieures qui pourraient la compromettre. Combinée avec cette
fâcheuse disposition que nous remarquons dans
les hommes à vivre aux dépens des autres, il y a
là un danger qui saute aux yeux.

Aussi, voyez sur quelle immense échelle, depuis
les temps historiques, s'est exercée la Spoliation
par abus et excès du Gouvernement? Qu'on se
demande quels services ont rendus aux populations
et quels services en ont retirés les pouvoirs publics

chez les Assyriens, les Babyloniens, les Égyptiens,
les Romains, les Persans, les Turcs, les Chinois,
les Russes, les Anglais, les Espagnols, les Français. L'imagination s'effraie devant cette énorme
disproportion.

Enfin, on a inventé le gouvernement représentatif et, *à priori*, on aurait pu croire que le
désordre allait cesser comme par enchantement.

En effet, le principe de ces gouvernements est
celui-ci :

« La population elle-même, par ses représen-
tants, décidera la nature et l'étendue des fonctions
qu'elle juge à propos de constituer en *services publics*, et la quotité de la rémunération qu'elle
entend attacher à ces *services*.

La tendance à s'emparer du bien d'autrui, et
la tendance à défendre son bien étaient ainsi
mises en présence. On devait penser que la seconde surmonterait la première.

Certes, je suis convaincu que la chose réussira
à la longue. Mais il faut bien avouer que jusqu'ici elle n'a pas réussi.

Pourquoi ? par deux motifs bien simples . les
gouvernements ont eu trop, et les populations pas
assez de sagacité.

Les gouvernements sont fort habiles. Ils agis-
sent avec méthode, avec suite, sur un plan bien
combiné et constamment perfectionné par la tra-
dition et l'expérience. Ils étudient les hommes et
leurs passions. S'ils reconnaissent, par exemple,
qu'ils ont l'instinct de la guerre, ils attisent, ils

excitent ce funeste penchant. Ils environnent la
nation de dangers par l'action de la diplomatie, et
tout naturellement ensuite, ils lui demandent des
soldats, des marins, des arsenaux, des fortifica-
tions : souvent même ils n'ont que la peine de se
les laisser offrir ; alors ils ont des grades, des pen-
sions et des places à distribuer. Pour cela, il faut
beaucoup d'argent ; les impôts et les emprunts
sont là.

Si la nation est généreuse, ils s'offrent à guérir
tous les maux de l'humanité. Ils relèveront, disent-ils, le commerce, feront prospérer l'agriculture, développeront les fabriques, encourageront
les lettres et les arts, extirperont la misère, etc.,
etc. Il ne s'agit que de créer des fonctions et payer
des fonctionnaires.

En un mot, la tactique consiste à présenter
comme services effectifs ce qui n'est qu'entraves ;
alors la nation paie non pour être servie, mais des-
servie. Les gouvernements, prenant des proportions gigantesques, finissent par absorber la moitié de tous les revenus. Et le peuple s'étonne de
travailler autant, d'entendre annoncer des inven-
tions merveilleuses qui doivent multiplier à l'infini les produits et..... d'être toujours Gros-Jean
comme devant.

C'est que pendant que le gouvernement déploie
tant d'habileté, le peuple n'en montre guère. Ainsi,
appelé à choisir ses chargés de pouvoirs, ceux qui
doivent déterminer la sphère et la rémunération
de l'action gouvernementale, qui choisit-il ? Les

agents du gouvernement. Il charge le pouvoir exé-
cutif de fixer lui-même la limite de son activité
et de ses exigences. Il fait comme le bourgeois
gentilhomme, qui, pour le choix et le nombre de
ses habits, s'en remet..... à son tailleur.

Cependant les choses vont de mal en pis, et le
peuple ouvre enfin les yeux, non sur le remède (il
n'en est pas là encore), mais sur le mal.

Gouverner est un métier si doux que tout le
monde y aspire. Aussi les conseillers du peuple ne
cessent de lui dire : Nous voyons tes souffrances et
nous les déplorons. Il en serait autrement si nous
te gouvernions.

Cette période, qui est ordinairement fort longue,
est celle des rébellions et des émeutes. Quand le
peuple est vaincu, les frais de la guerre s'ajoutent à
ses charges. Quand il est vainqueur, le personnel
gouvernemental change et les abus restent.

Et cela dure, jusqu'à ce qu'enfin le peuple apprenne à connaître et à défendre ses vrais intérêts.
Nous arrivons donc toujours à ceci : Il n'y a de ressource que dans le progrès de la Raison publique.

Certaines nations paraissent merveilleusement
disposées à devenir la proie de la Spoliation gouvernementale. Ce sont celles où les hommes, ne te-
nant aucun compte de leur propre dignité et de
leur propre énergie, se croiraient perdus s'ils n'é-
taient *administrés et gouvernés* en toutes choses.
Sans avoir beaucoup voyagé, j'ai vu des pays où l'on
pense que l'agriculture ne peut faire aucun progrès
si l'Etat n'entretient des fermes expérimentales;

qu'il n'y aura bientot plus de chevaux, si l'Etat n'a pas de haras ; que les pères ne feront pas élever leurs enfants ou ne leur feront enseigner que des choses immorales, si l'Etat ne décide pas ce qu'il est bon d'apprendre, etc., etc. Dans un tel pays, les révolutions peuvent se succéder rapidement, les gouvernants tomber les uns sur les autres. Mais les gouvernés n'en seront pas moins gouvernés à merci et à miséricorde (car la disposition que je signale ici est l'étoffe même dont les gouvernements sont faits), jusqu'à ce qu'enfin le peuple s'aperçoive qu'il vaut mieux laisser le plus grand nombre possible de *services* dans la catégorie de ceux que les parties intéressées échangent *à prix débattu.*

Nous avons vu que la société est *échange de services.* Elle ne devrait être qu'échange de bons et loyaux services. Mais nous avons constaté aussi que les hommes avaient un grand intérêt, et, par suite, une pente irrésistible, à exagérer la valeur relative des services qu'ils rendent. Et véritablement, je ne puis apercevoir d'autre limite à cette prétention que la libre acceptation où le libre refus de ceux à qui ces services sont offerts.

De là il arrive que certains hommes ont recours à la loi pour qu'elle diminue chez les autres les naturelles prérogatives de cette liberté. Ce genre de spoliation s'appelle Privilége ou Monopole. Marquons-en bien l'origine et le caractère.

Chacun sait que les services qu'il apporte dans

le marché général y seront d'autant plus appréciés
et rémunérés qu'ils y seront plus rares. Chacun
implorera donc l'intervention de la loi pour éloigner du marché tous ceux qui viennent y offrir des
services analogues, — ou, ce qui revient au même,
si le concours d'un instrument est indispensable
pour que le service soit rendu, il en demandera à
la loi la possession exclusive.

Cette variété de Spoliation étant l'objet principal
de ce volume, j'en dirai peu de chose ici, et me
bornerai à une remarque.

Quand le monopole est un fait isolé, il ne
manque pas d'enrichir celui que la loi en a investi.
Il peut arriver alors que chaque classe de travailleurs, au lieu de poursuivre la chute de ce monopole, réclame pour elle-même un monopole
semblable. Cette nature de Spoliation, ainsi réduite
en système, devient alors la plus ridicule des mys-
tifications pour tout le monde, et le résultat définitif est que chacun croit retirer *plus* d'un marché
général *appauvri de tout*.

Il n'est pas nécessaire d'ajouter que ce singulier
régime introduit en outre un antagonisme univer-
sel entre toutes les classes, toutes les professions,
tous les peuples ; qu'il exige une interférence con-
stante, mais toujours incertaine de l'action gouvernementale ; qu'il abonde ainsi dans le sens des abus
qui font l'objet du précédent paragraphe ; qu'il place
toutes les industries dans une insécurité irrémédia-
ble, et qu'il accoutume les hommes à mettre sur
la loi, et non sur eux-mêmes, la responsabilité de

leur propre existence. Il serait difficile d'imaginer une cause plus active de perturbation sociale.

Justification.

On dira : « Pourquoi ce vilain mot : Spoliation ? Outre qu'il est grossier, il blesse, il irrite, il tourne contre vous les hommes calmes et modérés, il envenime la lutte. »

Je le déclare hautement. Je respecte les personnes ; je crois à la sincérité de presque tous les partisans de la Protection ; et je ne me reconnais le droit de suspecter la probité personnelle, la délicatesse, la philanthropie de qui que ce soit. Je répète encore que la Protection est l'œuvre, l'œuvre funeste d'une commune erreur dont tout le monde, ou du moins la grande majorité, est à la fois victime et complice.—Après cela je ne puis pas empêcher que les choses ne soient ce qu'elles sont.

Qu'on se figure une espèce de Diogène mettant la tête hors de son tonneau, et disant : « Athéniens, vous vous faites servir par des Esclaves. N'avez-vous jamais pensé que vous exerciez sur vos frères la plus inique des Spoliations ?

Ou encore, un tribun parlant ainsi dans le Forum : « Romains, vous avez fondé tous vos moyens d'existence sur le Pillage successif de tous les peuples. »

Certes, ils ne feraient qu'exprimer une vérité incontestable. Faudrait-il en conclure qu'Athènes et Rome n'étaient habitées que par de malhonnêtes gens ? que Socrate et Platon, Caton et Cincinnatus étaient des personnages méprisables ?

Qui pourrait avoir une telle pensée ? Mais ces grands hommes vivaient dans un milieu qui leur ôtait la conscience de leur injustice. On sait qu'Aristote ne pouvait pas même se faire l'idée qu'une société pût exister sans esclavage.

Dans les temps modernes, l'esclavage a vécu jusqu'à nos jours sans exciter beaucoup de scrupules dans l'âme des planteurs. Des armées ont servi d'instrument à de grandes conquêtes, c'est-à-dire à de grandes Spoliations. Est-ce à dire qu'elles ne fourmillent pas de soldats et d'officiers personnellement aussi délicats, plus délicats peut-être qu'on ne l'est généralement dans les carrières industrielles ? d'hommes à qui la pensée même d'un vol ferait monter le rouge au front, et qui affronteraient mille morts plutôt que de descendre à une bassesse ?

Ce qui est blâmable ce ne sont pas les individus, mais le mouvement général qui les entraîne et les aveugle, mouvement dont la société entière est coupable.

Il en est ainsi du Monopole. J'accuse le système et non point les individus ; la société en masse et non tel ou tel de ses membres. Si les plus grands philosophes ont pu se faire illusion sur l'iniquité de l'esclavage, à combien plus forte raison des agriculteurs et des fabricants peuvent-ils se tromper sur la nature et les effets du régime restrictif ?

II. — Deux Morales.

Arrivé, s'il y arrive, au bout du chapitre précédent, je crois entendre le lecteur s'écrier :

« Eh bien ! est-ce à tort qu'on reproche aux économistes d'être secs et froids ? Quelle peinture de l'humanité ! Quoi ! La Spoliation serait une puissance fatale, presque normale, prenant toutes les formes, s'exerçant sous tous les prétextes, hors la loi et par la loi, abusant des choses les plus saintes, exploitant tour à tour la faiblesse et la crédulité et progressant en proportion de ce que ce double aliment abonde autour d'elle ! Peut-on faire du monde un plus triste tableau ? »

La question n'est pas de savoir s'il est triste, mais s'il est vrai. L'histoire est là pour le dire :

Il est assez singulier que ceux qui décrient l'Économie politique (ou l'*Économisme*, comme il leur plaît de nommer cette science), parce qu'elle étudie l'homme et le monde tels qu'ils sont, poussent bien plus loin qu'elle le pessimisme, au moins quant au passé et au présent. Ouvrez leurs livres et leurs journaux. Qu'y voyez-vous ? L'aigreur, la haine contre la société; jusque là que le mot même *civilisation* est pour eux synonyme d'injustice, désordre et anarchie. Ils en sont venus à maudire la *liberté* tant ils ont peu de confiance dans le développement de la race humaine, résultat de sa naturelle organisation. La liberté ! c'est-elle, selon eux, qui nous pousse de plus en plus vers l'abîme.

Il est vrai qu'ils sont optimistes pour l'avenir. Car si l'humanité, incapable par elle-même, fait fausse route depuis six mille ans, un révélateur est venu, qui lui a signalé la voie du salut, et pour peu que le troupeau soit docile à la houlette du pasteur, il sera conduit dans cette terre promise où le bien-être se réalise sans efforts, où l'ordre, la sécurité et l'harmonie sont le facile prix de l'imprévoyance.

Il ne s'agit pour l'humanité que de consentir à ce que les réformateurs changent, comme dit Rousseau, *sa constitution physique et morale.*

L'Économie politique ne s'est pas donné la mission de rechercher ce que serait la société si Dieu avait fait l'homme autrement qu'il ne lui a plu de le faire. Il peut être fâcheux que la Providence ait oublié d'appeler, au commencement, dans ses conseils, quelques-uns de nos organisateurs modernes. Et comme la mécanique céleste serait toute différente, si le créateur eût consulté Alphonse le Sage, de même, s'il n'eût pas négligé les avis de Fourrier, l'ordre social ne ressemblerait en rien à celui où nous sommes forcés de respirer, vivre et nous mouvoir. Mais, puisque nous y sommes, puisque *in eo vivimus, movemur et sumus*, il ne nous reste qu'à l'étudier et en connaître les lois, surtout si son amélioration dépend essentiellement de cette connaissance.

Nous ne pouvons pas empêcher que le cœur de l'homme ne soit un foyer de désirs insatiables.

Nous ne pouvons pas faire que ces désirs, pour être satisfaits, n'exigent du travail.

Nous ne pouvons pas éviter que l'homme n'ait autant de répugnance pour le travail que d'attrait pour la satisfaction.

Nous ne pouvons pas empêcher que de cette organisation ne résulte un effort perpétuel parmi les hommes pour accroître leur part de jouissances, en se rejetant, par la force ou la ruse, des uns aux autres, le fardeau de la peine.

Il ne dépend pas de nous d'effacer l'histoire universelle, d'étouffer la voix du passé attestant que les choses se sont ainsi passées dès l'origine. Nous ne pouvons pas nier que la guerre, l'esclavage, le servage, la théocratie, l'abus du gouvernement, les priviléges, les fraudes de toute nature et les monopoles n'aient été les incontestables et terribles manifestations de ces deux sentiments combinés dans le cœur de l'homme : *attrait pour jouissances; répugnance pour la fatigue.*

« Tu mangeras ton pain à la sueur de ton front. » — Mais chacun veut le plus de pain et le moins de sueur possible. C'est la conclusion de l'histoire.

Grâce au Ciel, l'histoire montre aussi que la

répartition des jouissances et des peines tend à se faire d'une manière de plus en plus égale parmi les hommes.

A moins de nier la clarté du soleil, il faut bien admettre que la société a fait, sous ce rapport, quelques progrès.

S'il en est ainsi, il y a donc en elle une force naturelle et providentielle, une loi qui fait reculer de plus en plus le principe de l'iniquité et réalise de plus en plus le principe de la justice.

Nous disons que cette force est dans la société et que Dieu l'y a placée. Si elle n'y était pas, nous serions réduits, comme les utopistes, à la chercher dans des moyens artificiels, dans des arrangements qui exigent l'altération préalable de *la constitution physique et morale* de l'homme, ou plutôt nous croirions cette recherche inutile et vaine, parce que nous ne pouvons comprendre l'action d'un levier sans point d'appui.

Essayons donc de signaler la force bienfaisante qui tend à surmonter progressivement la force malfaisante à laquelle nous avons donné le nom de Spoliation, et dont la présence n'est que trop expliquée par le raisonnement et constatée par l'expérience

Tout acte malfaisant a nécessairement deux termes : le point d'où il émane et le point où il aboutit; l'homme qui exerce l'acte, et l'homme sur qui l'acte est exercé; ou, comme dit l'école, *l'agent* et le *patient*.

Il y a donc deux chances pour que l'acte malfaisant soit supprimé : l'abstention volontaire de l'être *actif,* et la résistance de l'acte *passif.*

De là deux morales qui , bien loin de se contrarier, concourent : la morale religieuse ou philosophique et la morale que je me permettrai d'appeler *économique.*

La morale religieuse, pour arriver à la suppression de l'acte malfaisant, s'adresse à son auteur, à l'homme *en tant qu'agent.* Elle lui dit : « Corrigetoi ; épure-toi ; cesse de faire le mal ; fais le bien , dompte tes passions ; sacrifie tes intérêts ; n'opprime pas ton prochain que ton devoir est d'aimer et soulager ; sois juste d'abord et charitable ensuite. » Cette morale sera éternellement la plus belle, la plus touchante, celle qui montrera la race humaine dans toute sa majesté ; qui se prêtera le plus aux mouvements de l'éloquence et excitera le plus l'admiration et la sympathie des hommes.

La morale économique aspire au même résultat, mais s'adresse surtout à l'homme *en tant que patient.* Elle lui montre les effets des actions humaines, et par cette simple exposition, elle le stimule à réagir contre celles qui le blessent, à honorer celles qui lui sont utiles. Elle s'efforce de répandre assez de bon sens , de lumière et de juste défiance dans la masse opprimée pour rendre de plus en plus l'oppression difficile et dangereuse.

Il faut remarquer que la morale économique

ne laisse pas que d'agir aussi sur l'oppresseur.
Un acte malfaisant produit des biens et des maux.
Des maux pour celui qui le subit, et des biens
pour celui qui l'exerce, sans quoi il ne se produi-
rait pas. Mais il s'en faut de beaucoup qu'il y ait
compensation. La somme des maux l'emporte
toujours, et nécessairement, sur celle des biens,
parce que le fait même d'opprimer entraîne une
déperdition de forces, crée des dangers, provoque
des représailles, exige de coûteuses précautions. La
simple exposition de ces effets ne se borne donc
pas à provoquer la réaction des opprimés, elle
met du côté de la justice tous ceux dont le cœur
n'est pas perverti, et trouble la sécurité des oppresseurs eux-mêmes.

Mais il est aisé de comprendre que cette morale,
plutôt virtuelle qu'explicite, qui n'est après tout
qu'une démonstration scientifique ; qui perdrait
même de son efficacité, si elle changeait de caractère ; qui ne s'adresse pas au cœur, mais à l'intelligence ; qui ne cherche pas à persuader, mais
à convaincre ; qui ne donne pas des conseils, mais
des preuves ; dont la mission n'est pas de toucher
mais d'éclairer, et qui n'obtient sur le vice d'autre
victoire que de le priver d'aliments ; il est aisé de
comprendre, dis-je, que cette morale ait été accu-
sée de sécheresse et de prosaïsme.

Le reproche est vrai sans être juste. Il revient
à dire que l'Économie politique ne dit pas tout,
n'embrasse pas tout, n'est pas la science univer-

selle. Mais qui donc a jamais affiché, en son nom, une prétention aussi exorbitante ?

L'accusation ne serait fondée qu'autant que l'Économie politique présenterait ses procédés comme exclusifs, et aurait l'outrecuidance, comme on dit, d'interdire à la Philosophie et à la Religion tous leurs moyens propres et directs de travailler au perfectionnement de l'homme.

Admettons donc l'action simultanée de la morale proprement dite et de l'Économie politique, l'une flétrissant l'acte malfaisant dans son mobile, par la vue de sa laideur, l'autre le discréditant dans nos convictions par le tableau de ses effets.

Avouons même que le triomphe du moraliste religieux, quand il se réalise, est plus beau, plus consolant et plus radical. Mais en même temps il est difficile de ne pas reconnaître que celui de la science économique ne soit plus facile et plus sûr.

Dans quelques lignes qui valent mieux que beaucoup de gros volumes, J.-B. Say a déjà fait observer que pour faire cesser le désordre introduit par l'hypocrisie dans une famille honorable, il y avait deux moyens : *corriger Tartuffe* ou *déniaiser Orgon*. Molière, ce grand peintre du cœur humain, paraît avoir constamment eu en vue le second procédé, comme le plus efficace.

Il en est ainsi sur le théâtre du monde.

Dites-moi ce que fit César et je vous dirai ce qu'étaient les Romains de son temps.

Dites-moi ce qu'accomplit la Diplomatie moderne et je vous dirai l'état moral des nations.

Nous ne paierions pas près de deux milliards d'impôts si nous ne donnions mission de les voter à ceux qui les mangent.

Nous n'aurions pas toutes les difficultés et toutes les charges de la question africaine, si nous étions bien convaincus que *deux et deux font quatre* en économie politique comme en arithmétique.

M. Guizot n'aurait pas eu occasion de dire : *La France est assez riche pour payer sa gloire,* si la France ne s'était jamais éprise de la fausse gloire.

Le même homme d'État n'aurait jamais dit : *La liberté est assez précieuse pour que la France ne la marchande pas,* si la France comprenait bien que *lourd budget* et *liberté* sont incompatibles.

Ce ne sont pas, comme on croit, les monopoleurs mais les monopolés qui maintiennent les monopoles.

Et, en matière d'élections, ce n'est pas parce qu'il y a des corrupteurs qu'il y a des corruptibles, c'est le contraire, et la preuve c'est que les corruptibles paient tous les frais de la corruption. Ne serait-ce point à eux à la faire cesser ?

Que la morale religieuse touche donc le cœur, si elle le peut, des Tartuffes, des Césars, des Colonistes, des Sinécuristes, des Monopolistes, etc. La tâche de l'Économie politique est d'éclairer leurs dupes.

De ces deux procédés, quel est celui qui travaille le plus efficacement au progrès social ? Faut-il le dire ? Je crois que c'est le second. Je crains que l'humanité ne puisse échapper à la nécessité d'apprendre d'abord la *morale défensive*.

J'ai beau regarder, lire, observer, interroger, je ne vois aucun abus, s'exerçant sur une échelle un peu vaste, qui ait péri par la volontaire renonciation de ceux qui en profitent.

J'en vois beaucoup, au contraire, qui cèdent à la virile résistance de ceux qui en souffrent.

Décrire les conséquences des abus, c'est donc le moyen le plus efficace de les détruire. — Et combien cela est vrai surtout quand il s'agit d'abus qui, comme le régime restrictif, tout en infligeant des maux réels aux masses, ne renferment, pour ceux qui croient en profiter, qu'illusion et déception !

Après cela, ce genre de moralisation réalisera-t-il à lui seul toute la perfection sociale que la nature sympathique de l'âme humaine et de ses plus nobles facultés font espérer et prévoir ? Je suis loin de le prétendre. Admettons la complète diffusion de la *morale défensive*, qui n'est après tout que la connaissance des intérêts bien entendus toujours d'accord avec l'utilité générale et la justice. Cette société, quoique certainement bien ordonnée, pour-

rait être fort peu attrayante, où il n'y aurait plus
de fripons uniquement parce qu'il n'y aurait plus
de dupes ; où le vice, toujours *latent* et pour ainsi
dire engourdi par famine, n'aurait besoin que de
quelqu'aliment pour revivre ; où la prudence de
chacun serait commandée par la vigilance de tous
et où la réforme enfin , régularisant les actes exté-
rieurs, mais s'arrêtant à l'épiderme, n'aurait pas
pénétré jusqu'au fond des consciences. Une telle
société nous apparaît quelquefois sous la figure
d'un de ces hommes exacts, rigoureux, justes,
prêts à repousser la plus légère usurpation de leurs
droits, habiles à ne se laisser entamer d'aucun
côté. Vous l'estimez ; vous l'admirez peut-être ;
vous en feriez votre Député, vous n'en feriez pas
votre ami.

Que les *deux morales*, au lieu de s'entre-dé-
crier, travaillent donc de concert, attaquant le vice
par les deux pôles. Pendant que les Economistes
font leur œuvre, dessillent les Orgons, déracinent
les préjugés, excitent de justes et nécessaires dé-
fiances, étudient et exposent la vraie nature des
choses et des actions, que le moraliste religieux
accomplisse de son côté ses travaux plus attrayants
mais plus difficiles. Qu'il attaque l'iniquité corps
à corps ; qu'il la poursuive dans les fibres les plus
déliées du cœur ; qu'il peigne les charmes de la
bienfaisance, de l'abnégation , du dévouement ;
qu'il ouvre la source des vertus là où nous ne pouvons que tarir la source des vices, c'est sa tâche ,

elle est noble et belle. Mais pourquoi contesterait-il l'utilité de celle qui nous est dévolue ?

Dans une société qui, sans être intimement vertueuse, serait néanmoins bien ordonnée par l'action de la *morale Economique* (qui est la connaissance de l'*Economie* du corps social), les chances du progrès ne s'ouvriraient-elles pas devant la morale religieuse ?

L'habitude, a-t-on dit, est une seconde nature.

Un pays où de longue main chacun serait déshabitué de l'injustice par la seule résistance d'un public éclairé, pourrait être triste encore. Mais il serait, ce me semble, bien préparé à recevoir un enseignement plus élevé et plus pur. C'est un grand acheminement vers le bien que d'être désaccoutumé du mal. Les hommes ne peuvent rester stationnaires. Détournés du chemin du vice, alors qu'il ne conduirait plus qu'à l'infamie, ils sentiraient d'autant plus l'attrait de la vertu.

La société doit peut-être passer par ce prosaïque état où les hommes pratiqueront la vertu par calcul, pour de là s'élever à cette région plus poétique où elle n'aura plus besoin de ce mobile.

III. — Les deux haches

*Pétition de Jacques Bonhomme, charpentier, à
M. Cunin-Gridaine, ministre du Commerce.*

Monsieur le fabricant-ministre,

Je suis charpentier, comme fut Jésus ; je manie la hache et l'herminette, pour vous servir.

Or, hachant et buchant, dès l'aube jusqu'à la nuit faite, sur les terres de notre seigneur le Roi, il m'est tombé dans l'idée que mon travail était *national* autant que le vôtre.

Et dès lors, je ne vois pas pourquoi la Protection ne visiterait pas mon chantier, comme votre atelier.

Car enfin, si vous faites des draps, je fais des toits. Tous deux, par des moyens divers, nous abritons nos clients du froid et de la pluie.

Cependant, je cours après la pratique, et la pratique court après vous. Vous l'y avez bien su forcer en l'empêchant de se pourvoir ailleurs, tandis que la mienne s'adresse à qui bon lui semble.

Quoi d'étonnant ? M. Cunin, ministre, s'est rappelé M. Cunin, tisserand ; c'est bien naturel. Mais, hélas! mon humble métier n'a pas donné un ministre à la France, quoiqu'il ait donné un Dieu au monde.

Et ce Dieu, dans le code immortel qu'il légua aux hommes, n'a pas glissé le plus petit mot dont les charpentiers se puissent autoriser pour s'enrichir, comme vous faites, aux dépens d'autrui.

Aussi voyez ma position. Je gagne trente sous par jour, quand il n'est pas dimanche ou jour chômé. Si je me présente à vous en même temps qu'un charpentier flamand, pour un sou de rabais vous lui accordez la préférence.

Mais me veux-je vêtir ? si un tisserand belge met son drap à côté du vôtre, vous le chassez, lui et son drap, hors du pays.

En sorte que, forcément conduit à votre boutique, qui est la plus chère, mes pauvres trente sous n'en valent, en réalité, que vingt-huit.

Que dis-je? ils n'en valent pas vingt-six! car, au lieu d'expulser le tisserand belge *à vos frais* (ce serait bien le moins), vous me faites payer les gens que, dans votre intérêt, vous mettez à ses trousses.

Et comme un grand nombre de vos colégislateurs, avec qui vous vous entendez à merveille, me prennent chacun un sou ou deux, sous couleur de protéger qui le fer, qui la houille, celui-ci l'huile et celui-là le blé, il se trouve, tout compte fait, que je ne sauve pas quinze sous, sur les trente, du pillage.

Vous me direz sans doute que ces petits sous, qui passent ainsi, sans compensation, de ma poche dans la vôtre, font vivre du monde autour de votre château, vous mettant à même de mener grand train. — A quoi je vous ferai observer que, si vous me les laissiez, ils feraient vivre du monde autour de moi.

Quoi qu'il en soit, M. le ministre-fabricant, sachant que je serais mal reçu, je ne viens pas vous sommer, comme j'en aurais bien le droit, de renoncer à la *restriction* que vous imposez à votre clientèle ; j'aime mieux suivre la pente commune et réclamer, moi aussi, un petit brin de *protection*.

Ici vous m'opposerez une difficulté : « L'ami, me direz-vous, je voudrais bien te protéger, toi et tes pareils ; mais comment conférer des faveurs douanières au travail des charpentiers ? Faut-il prohiber l'entrée des maisons par terre et par mer ? »

Cela serait passablement dérisoire ; mais, à force d'y rêver, j'ai découvert un autre moyen de favoriser les enfants de saint Joseph ; et vous l'accueillerez d'autant plus volontiers, je l'espère, qu'il ne diffère en rien de celui qui constitue le privilége que vous vous votez chaque année à vous-même.

Ce moyen merveilleux, c'est d'interdire en France l'usage des haches aiguisées.

Je dis que cette *restriction* ne serait ni plus illogique ni plus arbitraire que celle à laquelle vous nous soumettez à l'occasion de votre drap.

Pourquoi chassez-vous les Belges? Parce qu'ils vendent à meilleur marché que vous. Et pourquoi vendent-ils à meilleur marché que vous? Parce qu'ils ont sur vous, comme tisserands, une supériorité quelconque.

Entre vous et un Belge il y a donc tout juste la différence d'une hache obtuse à une hache affilée.

Et vous me forcez, moi charpentier, de vous acheter le produit de la hache obtuse?

Considérez la France comme un ouvrier qui veut, par son travail, se procurer toutes choses, et entre autres du drap.

Pour cela il a deux moyens :

Le premier, c'est de filer et de tisser la laine ;

Le second, c'est de fabriquer, par exemple, des pendules, des papiers peints ou des vins et de les livrer aux Belges contre du drap.

Celui de ces deux procédés qui donne le meilleur résultat peut être représenté par la hache affilée, l'autre par la hache obtuse.

Vous ne niez pas qu'actuellement, en France, on obtient *avec plus de peine* une pièce d'étoffe d'un métier à tisser (c'est la hache obtuse) que d'un plant de vigne (c'est la hache affilée). Vous le niez si peu, que c'est justement par la considération de cet *excédant de peine* (en quoi vous faites consister la richesse) que vous recommandez, bien plus que vous *imposez* la plus mauvaise des deux haches.

Eh bien ! soyez conséquent, soyez impartial, si vous ne voulez être juste , et traitez les pauvres charpentiers comme vous vous traitez vous-même.

Faites une loi qui porte :

« *Nul ne pourra se servir que de poutres et solives, produits de haches obtuses.* »

A l'instant voici ce qui va arriver.

Là où nous donnons cent coups de hache, nous en donnerons trois cents. Ce que nous faisons en une heure en exigera trois. Quel puissant encouragement pour le travail ? Apprentis, compagnons et maîtres , nous n'y pourrons plus suffire. Nous serons recherchés, partant bien payés. Qui voudra jouir d'un toit sera bien obligé d'en passer par nos exigences, comme qui veut avoir du drap est obligé de se soumettre aux vôtres.

Et que ces théoriciens du *libre échange* osent jamais révoquer en doute l'utilité de la mesure, nous saurons bien où chercher une réfutation victorieuse. Votre enquête de 1834 est là. Nous les battrons avec, car vous y avez admirablement plaidé la cause des prohibitions et des haches émoussées, ce qui est tout un.

IV. — Conseil inférieur du travail.

« Quoi ! vous avez le front de demander pour tous les citoyens le droit de vendre, acheter, troquer, échanger , rendre et recevoir service pour service et juger pour lui-même, à la seule condition de ne pas blesser l'honnêteté et de satisfaire le trésor public ? Vous voulez donc ravir aux ouvriers le travail, le salaire et le pain ? »

Voilà ce qu'on nous dit. Je sais qu'en penser ; mais j'ai voulu savoir ce qu'en pensent les ouvriers eux-mêmes.

J'avais sous la main un excellent instrument d'enquête.

Ce n'étaient point ces *conseils supérieurs de l'industrie* où de gros propriétaires qui se disent laboureurs, de puissants armateurs qui se croient marins, et de riches actionnaires qui se prétendent travailleurs, font de cette philanthropie que l'on sait.

Non ; c'étaient des ouvriers pour tout de bon, des ouvriers *sérieux*, comme on dit aujourd'hui, menuisiers, charpentiers, maçons, tailleurs, cordonniers, teinturiers, forgerons, aubergistes, épiciers, etc., etc., qui, dans mon village, ont fondé une *société de secours mutuels*.

Je la transformai, de mon autorité privée, en *conseil inférieur du travail*, et j'en obtins une enquête qui en vaut bien une autre, quoiqu'elle ne soit pas bourrée de chiffres et enflée aux proportions d'un *in-quarto* imprimé aux frais de l'Etat.

Il s'agissait d'interroger ces braves gens sur la manière dont ils sont, ou se croient affectés par le régime protecteur. Le président me fit bien observer que c'était enfreindre quelque peu les conditions d'existences de l'*Association*. Car, en France, sur cette terre de liberté, les gens qui s'*associent* renoncent à s'entretenir de *politique*, c'est-à-dire de leurs communs intérêts. Cependant, après beaucoup d'hésitation, il mit la question à l'ordre du jour.

On divisa l'assemblée en autant de commissions qu'elle présentait de groupes formant des corps de métiers. On délivra à chacune un tableau qu'elle devait remplir après quinze jours de discussions.

Au jour marqué, le vénérable président prit place au fauteuil (style officiel, car c'était une chaise), et trouva sur le bureau (encore style officiel, car c'était une table en bois de peuplier) une quinzaine de rapports, dont il donna successivement lecture.

Le premier qui se présenta fut celui des *tailleurs*. Le voici aussi exact que s'il était autographié.

Effets de la protection. — Rapport des Tailleurs.

Inconvénients.	*Avantages.*
1° *A cause du régime protecteur,* nous payons plus cher le pain, la viande, le sucre, le bois, le fil, les aiguilles, etc., ce qui équivaut pour nous à une diminution considérable de salaires ;	*Néant* [1].
2° *A cause du régime protecteur,* nos clients aussi paient plus cher toutes choses, ce qui fait qu'il leur reste moins à dépenser en vêtements, d'où il suit que nous avons moins de travail, partant moins de profits.	
3° *A cause du régime protecteur,* les étoffes sont chères, on fait durer plus longtemps les habits ou l'on s'en passe. C'est encore une diminution d'ouvrage qui nous force à offrir nos services au rabais.	[1] Nous avons eu beau prendre nos mesures, il nous a été impossible d'apercevoir un côté quelconque par lequel le régime protecteur fût avantageux à notre commerce.

Voici un autre tableau :

Effets de la protection. — Rapport des Forgerons.

Inconvénients.	*Avantages.*
1° Le régime protecteur nous frappe d'une taxe, qui ne va pas au Trésor, chaque fois que nous mangeons, buvons, nous chauffons et nous habillons.	
2° Il frappe d'une taxe semblable tous nos concitoyens qui ne sont pas forgerons, et, étant moins riches d'autant, la plupart d'entre eux font des	*Néant.*

clous de bois et des loquets de ficelle,
ce qui nous prive de travail.

3° Il tient le fer à si haut prix qu'on
ne l'emploie dans le pays ni aux charrues, ni aux grilles, ni aux balcons, et
notre métier, qui pourrait fournir du
travail à tant de gens qui en manquent, nous en laisse manquer à nous-
mêmes.

4° Ce que le fisc manque de recou-
vrer à l'occasion des marchandises
qui n'entrent pas, est pris sur notre
sel et sur nos lettres.

Tous les autres tableaux, que j'épargne au lecteur, chantaient le même refrain. Jardiniers,
charpentiers, cordonniers, sabotiers, bateliers,
meuniers, tous exhalaient les mêmes doléances.

Je déplorai qu'il n'y eût pas de laboureurs dans
notre association. Leur rapport eût été assuré-,
ment fort instructif.

Mais, hélas ! dans notre pays des Landes, les
pauvres laboureurs, tout *protégés* qu'ils sont,
n'ont pas le sou, et, après y avoir mis leurs bes-
tiaux, ils ne peuvent entrer eux-mêmes dans des
sociétes de secours mutuels. Les prétendues faveurs de la protection ne les empêchent pas d'être
les *parias* de notre ordre social. Que dirai-je des
vignerons ?

Ce que je remarquai surtout, c'est le bon sens
avec lequel nos villageois avaient aperçu non-
seulement le mal direct que leur fait le régime
protecteur, mais aussi le mal indirect qui, frap-

pant leur clientèle, retombe par ricochet sur eux.

C'est ce que ne paraissent pas comprendre, me dis-je, les économistes du *Moniteur industriel*.

Et peut-être les hommes dont un peu de protection fascine les yeux, notamment les agriculteurs, y renonceraient-ils volontiers, s'ils apercevaient ce côté de la question.

Ils se diraient peut-être : « Mieux vaut se soutenir par soi-même au milieu d'une clientèle aisée que d'être *protégé* au milieu d'une clientèle appauvrie. »

Car vouloir enrichir tour à tour chaque industrie en faisant successivement le vide autour d'elle, c'est un effort aussi vain que d'entreprendre de sauter par-dessus son ombre.

V. — Cherté, bon marché.

Je crois devoir soumettre aux lecteurs quelques remarques, hélas ! théoriques, sur les illusions qui naissent des mots *cherté, bon marché*. Au premier coup d'œil on sera disposé, je le sais, à trouver ces remarques un peu subtiles ; mais, subtiles ou non, la question est de savoir si elles sont vraies. Or, je les crois parfaitement vraies et surtout très-propres à faire réfléchir les hommes, en grand nombre, qui ont une foi sincère en l'efficacité du régime protecteur.

Partisans de la Liberté, défenseurs de la Restriction, nous sommes tous réduits à nous servir de ces expressions *cherté, bon marché*. Les premiers se déclarent pour le *bon marché,* ayant en vue l'intérêt du consommateur ; les seconds se prononcent pour la *cherté,* se préoccupant surtout du producteur. D'autres interviennent disant : *Producteur et consommateur ne font qu'un ;* ce qui laisse parfaitement indécise la question de savoir si la loi doit poursuivre le bon marché ou la cherté.

Au milieu de ce conflit, il semble qu'il n'y a,

pour la loi, qu'un parti à prendre, c'est de laisser les prix s'établir naturellement. Mais alors on rencontre les ennemis acharnés du *laissez faire*. Ils veulent absolument que la loi agisse, même sans savoir dans quel sens elle doit agir. Cependant ce serait à celui qui veut faire servir la loi à provoquer une cherté artificielle ou un bon marché hors de nature, à exposer et faire prévaloir le motif de sa préférence. L'*onus probandi* lui incombe exclusivement. D'où il suit que la liberté est toujours censée bonne jusqu'à preuve contraire, car laisser les prix s'établir naturellement, c'est la liberté.

Mais les rôles sont changés. Les partisans de la cherté ont fait triompher leur système, et c'est aux défenseurs des prix naturels à prouver la bonté du leur. De part et d'autre on argumente avec deux mots. Il est donc bien essentiel de savoir ce que ces deux mots contiennent.

Disons d'abord qu'il s'est produit une série de faits propres à déconcerter les champions des deux camps.

Pour engendrer la *cherté*, les restrictionistes ont obtenu des droits protecteurs, et un bon marché, pour eux inexplicable, est venu tromper leurs espérances.

Pour arriver au bon marché, les libres échangistes ont quelquefois fait prévaloir la liberté, et, à leur grand étonnement, c'est l'élévation des prix qui s'en est suivie.

Exemple : En France, pour favoriser l'agriculture, on a frappé la laine étrangère d'un droit de 22 p. 0/0, et il est arrivé que la laine nationale s'est vendue à plus vil prix après la mesure qu'avant.

En Angleterre, pour soulager le consommateur, on a dégrevé et finalement affranchi la laine étrangère, et il est advenu que celle du pays s'est vendue plus cher que jamais.

Et ce n'est pas là un fait isolé, car le prix de la laine n'a pas une nature qui lui soit propre et le dérobe à la loi générale qui gouverne les prix. Ce même fait s'est reproduit dans toutes les circonstances analogues. Contre toute attente, la protection a amené plutôt la baisse, la concurrence plutôt la hausse des produits.

Alors la confusion dans le débat a été à son comble, les protectionistes disant à leurs adversaires : « Ce bon marché que vous nous vantez tant, c'est notre système qui le réalise. » Et ceux-ci répondant : « Cette cherté que vous trouviez si utile, c'est la liberté qui la provoque [1]. »

Ne serait-ce pas plaisant de voir ainsi le *bon marché* devenir le mot d'ordre à la rue Hauteville, et la *cherté* à la rue Choiseul ?

Évidemment, il y a en tout ceci une méprise, une illusion qu'il faut détruire. C'est ce que je vais essayer de faire.

---

[1] Récemment, M. Duchâtel, qui jadis demandait la liberté en vue des bas prix, a dit à la Chambre : « Il ne me serait pas difficile de prouver que la protection amène le bon marché. »

Supposons deux nations isolées, chacune composée d'un million d'habitants. Admettons que, toutes choses égales d'ailleurs, il y ait chez l'une juste une fois plus de toutes sortes de choses que chez l'autre, le double de blé, de viande, de fer, de meubles, de combustible, de livres, de vêtements, etc.

On conviendra que la première sera le double plus riche.

Cependant il n'y a aucune raison pour affirmer que les *prix absolus* différeront chez ces deux peuples. Peut-être même seront-ils plus élevés chez le plus riche. Il se peut qu'aux États-Unis tout soit nominalement *plus cher* qu'en Pologne, et que les hommes y soient néanmoins mieux pourvus de toutes choses; par où l'on voit que ce n'est pas le prix absolu des produits, mais leur abondance, qui fait la richesse. Lors donc qu'on veut juger comparativement la restriction et la liberté, il ne faut pas se demander laquelle des deux engendre le bon marché ou la cherté, mais laquelle des deux amène l'abondance ou la disette.

Car, remarquez ceci : les produits s'échangeant les uns contre les autres, une rareté relative de tout, et une abondance relative de tout laissent exactement au même point le prix absolu des choses, mais non la condition des hommes.

Pénétrons un peu plus avant dans le sujet.

Quand on a vu les aggravations et les diminutions de droits produire des effets si opposés à ceux qu'on en attendait, la dépréciation suivre souvent la taxe, et le renchérissement accompagner quelquefois la franchise, il a bien fallu que l'Économie politique cherchât l'explication d'un phénomène qui bouleversait les idées reçues ; car, on a beau dire, la science, si est elle digne de ce nom, n'est que la fidèle exposition et la juste explication des faits.

Or, celui que nous signalons ici s'explique fort bien par une circonstance qu'il ne faut jamais perdre de vue.

C'est que la cherté a *deux causes*, et non une.

Il en est de même du bon marché.

C'est un des points les mieux acquis à l'Économie politique, que le prix est déterminé par l'état de l'Offre comparé à celui de la Demande.

Il y a donc deux termes qui affectent le prix : l'Offre et la Demande. Ces termes sont essentiellement variables. Ils peuvent se combiner dans le même sens, en sens opposé et dans des proportions infinies. De là des combinaisons de prix inépuisables.

Le prix hausse, soit parce que l'Offre diminue, soit parce que la Demande augmente.

Il baisse, soit que l'offre augmente ou que la Demande diminue.

De là deux natures de cherté, et deux natures de bon marché ;

Il y a la *cherté* de mauvaise nature, c'est celle qui provient de la diminution de l'Offre ; car celle-là implique *rareté*, implique *privation* (telle est celle qui s'est fait ressentir cette année sur le blé) : il y a la *cherté* de bonne nature, c'est celle qui résulte d'un accroissement de demande ; car celle-ci suppose le développement de la richesse générale.

De même, il y a un *bon marché* désirable, c'est celui qui a sa source dans l'abondance ; et un *bon marché* funeste, celui qui a pour cause l'abandon de la demande, la ruine de la clientèle.

Maintenant, veuillez remarquer ceci : la restriction tend à provoquer à la fois et celle de ces deux chertés et celui de ces deux bons marchés qui sont de mauvaise nature : la mauvaise cherté, en ce qu'elle diminue l'Offre, c'est même son but avoué ; et le mauvais bon marché, en ce qu'elle diminue aussi la Demande, puisqu'elle donne une fausse direction aux capitaux et au travail, et accable la clientèle de taxes et d'entraves.

En sorte que, *quant au prix*, ces deux tendances se neutralisent, et voilà pourquoi ce système, restreignant la Demande en même temps que l'Offre, ne réalise pas même, en définitive, cette cherté qui est son objet.

Mais, relativement à la condition du peuple, elles ne se neutralisent pas ; elles concourent au contraire à l'empirer.

L'effet de la liberté est justement opposé. Dans son résultat général, il se peut qu'elle ne réalise pas non plus le bon marché qu'elle promettait ; car elle a aussi deux tendances, l'une vers le bon mar-

ché désirable par l'extension de l'Offre ou l'abondance, l'autre vers la cherté appréciable par le développement de la Demande ou de la richesse générale. Ces deux tendances se neutralisent en ce
qui concerne les *prix absolus;* mais elles concourent en ce qui touche l'amélioration du sort des
hommes.

En un mot, sous le régime restrictif, et en tant
qu'il agit, les hommes reculent vers un état de
choses où tout s'affaiblit, Offre et Demande ; sous
le régime de la liberté, ils progressent vers un état
de choses où elles se développent d'un pas égal,
sans que le prix absolu des choses doive être nécessairement affecté. Ce prix n'est pas un bon crité-
rium de la richesse. Il peut fort bien rester le même, soit que la société tombe dans la misère la
plus abjecte, soit qu'elle s'avance vers une grande
prospérité.

Qu'il nous soit permis de faire en peu de mots
l'application de cette doctrine.

Un cultivateur du Midi croit tenir le Pérou parce
qu'il est protégé par des droits contre la rivalité
extérieure. Il est pauvre comme Job, n'importe ;
il n'en suppose pas moins que la protection l'enrichira tôt ou tard. Dans ces circonstances, si on lui
pose, comme le fait le comité Odier, la question
en ces termes :

« Voulez-vous, oui ou non, être assujetti à la
concurrence étrangère ? » Son premier mouvement
est de répondre : « *Non.* » — Et le comité Odier

donne fièrement un grand éclat à cette réponse.

Cependant il faut aller un peu plus au fond des choses. Sans doute, la concurrence étrangère, et même la concurrence en général est toujours importune ; et si une profession pouvait s'en affranchir seule, elle ferait pendant quelque temps de bonnes affaires.

Mais la protection n'est pas une faveur isolée, c'est un système. Si elle tend à produire, au profit de ce cultivateur, la rareté du blé et de la viande, elle tend aussi à produire, au profit d'autres industriels, la rareté du fer, du drap, du combustible, des outils, etc., soit la rareté en toutes choses.

Or, si la rareté du blé agit dans le sens de son enchérissement, par la diminution de l'Offre, la rareté de tous les autres objets contre lequels le blé s'échange agit dans le sens de la dépréciation du blé par la diminution de la Demande ; en sorte qu'il n'est nullement certain qu'en définitive le blé soit d'un centime plus cher que sous le régime de la liberté. Il n'y a de certain que ceci : que, comme il y a moins de toutes choses dans le pays, chacun doit être moins bien pourvu de toutes choses.

Le cultivateur devrait bien se demander s'il ne vaudrait pas mieux pour lui qu'il entrât du dehors un peu de blé et de bétail, mais que, d'un autre côté, il fût entouré d'une population aisée, habile à consommer et payer toutes sortes de produits agricoles.

Il y a tel département où les hommes sont couverts de haillons, habitent des masures, se nourrissent de châtaignes. Comment voulez-vous que l'agriculture y soit florissante? Que faire produire à la terre avec l'espoir fondé d'une juste rémunération? De la viande? On n'en mange pas. Du lait? On ne boit que l'eau des fontaines. Du beurre? C'est du luxe. De la laine? On s'en passe le plus possible. Pense-t-on que tous les objets de consommation puissent être ainsi délaissés par les masses, sans que cet abandon agisse sur les prix dans le sens de la baisse, en même temps que la protection agit dans le sens de la hausse?

Ce que nous disons d'un cultivateur, nous pouvons le dire d'un manufacturier. Les fabricants de drap assurent que la concurrence extérieure avilira les prix par l'accroissement de l'Offre. Soit; mais ces prix ne se relèveront-ils pas par l'accroissement de la Demande? La consommation du drap est-elle une quantité fixe, invariable? Chacun en est-il aussi bien pourvu qu'il pourrait et devrait l'être? et si la richesse générale se développait par l'abolition de toutes ces taxes et de toutes ces entraves, le premier usage qu'en ferait la population ne serait-il pas de se mieux vêtir?

La question, l'éternelle question n'est donc pas de savoir si la protection favorise telle ou telle branche spéciale d'industrie, mais si, tout compensé, tout calcul fait, la restriction est, *par sa nature,* plus productive que la liberté.

Or, personne n'ose le soutenir. C'est même ce qui explique cet aveu qu'on nous fait sans cesse : « Vous avez raison en principe. »

S'il en est ainsi, si la restriction ne fait du bien à chaque industrie spéciale qu'en faisant un plus grand mal à la richesse générale, comprenons donc que le prix lui-même, à ne considérer que lui, exprime un rapport entre chaque industrie spéciale et l'industrie générale, entre l'Offre et la Demande ; et que, d'après ces prémisses, ce *prix rémunérateur*, objet de la protection, est plus contrarié que favorisé par elle.

Plusieurs journaux m'ont attaqué devant vous. Ne voudrez-vous pas lire ma défense?

Je ne suis pas défiant. Quand un homme écrit ou parle, je crois qu'il pense ce qu'il dit.

Pourtant, j'ai beau lire et relire les journaux auxquels je réponds, il me semble y découvrir de tristes tendances.

De quoi s'agissait-il? De rechercher ce qui vous est le plus favorable, la restriction ou la liberté.

Je crois que c'est la liberté, — ils croient que c'est la restriction ; — à chacun de prouver sa thèse.

Etait-il nécessaire d'insinuer que nous sommes les agents de l'Angleterre, du Midi, du Gouvernement ?

Voyez combien la récrimination, sur ce terrain, nous serait facile.

Nous sommes, disent-ils, agents des Anglais, parce que quelques-uns d'entre nous se sont servis des mots *meeting, free-trader !*

Et ne se servent-ils pas des mots *drawback, budget?*

Nous imitons Cobden et la démocratie anglaise !

Et eux, ne parodient-ils pas Bentinck et l'aristocratie britannique ?

Nous empruntons à la perfide Albion la doctrine de la liberté !

Et eux, ne lui empruntent-ils pas les arguties de la protection ?

Nous suivons l'impulsion de Bordeaux et du Midi.

Et eux, ne servent-ils pas la cupidité de Lille et du Nord ?

Nous favorisons les secrets desseins du ministère qui veut détourner l'attention de sa politique !

Et eux, ne favorisent-ils pas les vues de la liste civile qui gagne, par le régime protecteur, plus que qui que ce soit au monde?

Vous voyez donc bien que si nous ne méprisions cette guerre de dénigrement, les armes ne nous manqueraient pas.

Mais ce n'est pas ce dont il s'agit.

La question, et je ne la perdrai pas de vue, est celle-ci :

Qu'est-ce qui vaut mieux pour les classes laborieuses : être libres, ou n'être pas libres d'acheter au dehors?

Ouvriers, on vous dit : « Si vous êtes libres » d'acheter au dehors ce que vous faites mainte- » nant vous-mêmes, vous ne le ferez plus ; vous

» serez sans travail, sans salaire et sans pain ; c'est
» donc pour votre bien qu'on restreint votre li-
» berté. »

Cette objection revient sous toutes les formes.
On dit, par exemple : « Si nous nous habillons
» avec du drap anglais, si nous faisons nos char-
» rues avec du fer anglais, si nous coupons notre
» pain avec des couteaux anglais, si nous essuyons
» nos mains dans des serviettes anglaises, que de-
» viendront les ouvriers français, que deviendra le
» *travail national ?* »

Dites-moi, Ouvriers, si un homme se tenait sur
le port de Boulogne, et qu'à chaque Anglais qui
débarque, il dît : Voulez-vous me donner ces bot-
tes anglaises, je vous donnerai ce chapeau français ? — Ou bien : Voulez-vous me céder ce che-
val anglais, je vous céderai ce tilbury français ?
— Ou bien : Vous plaît-il d'échanger cette machine de Birmingham contre cette pendule de
Paris ? — Ou encore : Vous arrange-t-il de troquer cette houille de Newcastle contre ce vin de
champagne ? — Je vous le demande, en supposant
que notre homme mît quelque discernement dans
ses propositions, peut-on dire que notre *travail
national*, pris en masse, en serait affecté ?

Le serait-il davantage quand il y aurait vingt
de ces offreurs de service à Boulogne au lieu d'un,
quand il se ferait un million de trocs au lieu de
quatre, et quand on ferait intervenir les négo-

ciants et la monnaie pour les faciliter et les multiplier à l'infini ?

Or, qu'un pays achète à l'autre en gros pour
revendre en détail, ou en détail pour revendre en
gros, si on suit la chose jusqu'au bout, on trouvera toujours que le *commerce* n'est qu'un ensemble de *trocs pour trocs, produits contre produits, services pour services*. Si donc un *troc* ne
nuit pas au *travail national* puisqu'il implique
autant de *travail national donné* que de *travail étranger reçu*, cent mille millions de trocs
ne lui nuiront pas davantage.

Mais où sera le profit ? direz-vous. — Le profit est de faire le meilleur emploi des ressources
de chaque pays, de manière à ce qu'une même
somme de travail donne partout plus de satisfac
tion et de bien-être.

Il y en a qui emploient envers vous une singu-
lière tactique. Ils commencent par convenir de la
supériorité du système libre sur le système prohibitif, sans doute pour n'avoir pas à se défendre
sur ce terrrain.

Ensuite, ils font observer que, dans le passage
d'un système à l'autre, il y aura quelque *déplacement* de travail.

Puis, ils s'étendent sur les souffrances que doit
entraîner, selon eux, ce *déplacement*. Ils les exa-
gèrent, ils les grossissent, ils en font le sujet principal de la question, ils les présentent comme le

résultat exclusif et définitif de la réforme, et s'efforcent ainsi de vous enrôler sous *le* drapeau du monopole.

C'est du reste une tactique qui a été mise au service de tous les abus ; et je dois avouer naïvement une chose, c'est qu'elle embarrasse toujours les amis des réformes même les plus utiles au peuple. — Vous allez comprendre pourquoi.

Quand un abus existe, tout s'arrange là-dessus.

Des existences s'y rattachent, d'autres à celles-là, et puis d'autres encore, et cela forme un grand édifice.

Y voulez-vous porter la main ? Chacun se récrie et — remarquez bien ceci — les criards paraissent toujours, au premier coup d'œil, avoir raison, parce qu'il est plus facile de montrer le dérangement qui doit accompagner la réforme, que l'arrangement qui doit la suivre.

Les partisans de l'abus citent des faits particuliers ; ils nomment les personnes, et leurs fournisseurs et leurs ouvriers qui vont être froissés, — tandis que le pauvre diable de réformateur ne peut s'en référer qu'au *bien général* qui doit se répandre insensiblement dans les masses. — Cela ne fait pas, à beaucoup près, autant d'effet.

Ainsi, est-il question d'abolir l'esclavage ? — « Malheureux ! dit-on aux noirs, qui va désor-
» mais vous nourrir ? Le commandeur distribue
» des coups de fouet, mais il distribue aussi le
» manioc. »

Et l'esclave regrette sa chaîne, car il se demande : D'où me viendra le manioc?

Il ne voit pas que ce n'est pas le commandeur
qui le nourrit, mais son propre travail, lequel
nourrit aussi le commandeur.

Quand, en Espagne, on réforma les couvents ,
on disait aux mendiants : « Où trouverez-vous le
» potage et la bure ? Le prieur est votre providence.
» N'est-il pas bien commode de s'adresser à lui ?»

Et les mendiants de dire : « C'est vrai. Si le
» prieur s'en va, nous voyons bien ce que nous
» perdrons, mais nous ne voyons pas ce qui nous
» viendra à la place. »

Ils ne prenaient pas garde que si les couvents
faisaient des aumônes, ils en vivaient; en sorte
que le peuple avait plus à leur donner qu'à en recevoir.

De même, Ouvriers, le monopole vous met à
tous imperceptiblement des taxes sur les épaules,
et puis, avec le produit de ces taxes, il vous fait
travailler.

Et vos faux amis vous disent : S'il n'y avait pas
de monopole, qui vous ferait travailler ?

Et vous répondez : C'est vrai, c'est vrai. Le travail que nous procurent les monopoleurs est certain. Les promesses de la liberté sont incertaines.

Car vous ne voyez pas qu'on vous soutire de
l'argent d'abord, et qu'ensuite on vous rend une
partie de cet argent contre votre travail.

Vous demandez qui vous fera travailler ? Eh,

morbleu ! vous vous donnerez du travail les uns
aux autres ! Avec l'argent qu'on ne vous prendra
plus, le cordonnier se vêtira mieux et fera travailler le tailleur. Le tailleur renouvellera plus souvent
sa chaussure et fera travailler le cordonnier. Et
ainsi de suite pour tous les états.

On dit qu'avec la liberté il y aura moins d'ouvriers aux mines et aux filatures.

Je ne le crois pas. Mais si cela arrive, c'est *nécessairement* qu'il y en aura plus travaillant librement en chambre et au soleil.

Car si ces mines et ces filatures ne se soutiennent, comme on le dit, qu'à l'aide de taxes mises à
leur profit sur *tout le monde*, une fois ces taxes
abolies, *tout le monde* en sera plus aisé, et c'est
l'aisance de tous qui alimente le travail de chacun.

Pardonnez-moi si je m'arrête encore sur cette
démonstration. Je voudrais tant vous voir du côté
de la liberté !

En France, les capitaux engagés dans l'industrie
donnent, je suppose, 5 p. 100 de profits. — Mais
voici Mondor qui a dans une usine 100,000 fr. qui
lui laissent 5 p. 100 de perte. — De la perte au
gain, la différence est 10,000 fr. — Que fait-on ?
— Tout chattement, on répartit entre vous un petit impôt de 10,000 fr. qu'on donne à Mondor ;
vous ne vous en apercevez pas, car la chose est
fort habilement déguisée. Ce n'est pas le percepteur qui vient vous demander votre part de l'impôt ;
mais vous le payez à Mondor, maître de forges,

chaque fois que vous achetez vos haches, vos truelles et vos rabots. — Ensuite on vous dit : Si vous ne payez pas cet impôt, Mondor ne fera plus travailler ; ses ouvriers, Jean et Jacques, seront sans ouvrage. Corbleu ! si on vous remettait l'impôt, ne feriez-vous pas travailler vous-mêmes, et pour votre compte encore ?

Et puis, soyez tranquilles, quand il n'aura plus ce doux oreiller du supplément de prix par l'impôt, Mondor s'ingéniera pour convertir sa perte en bénéfice, et Jean et Jacques ne seront pas renvoyés. Alors, tout sera profit *pour tous*.

Vous insisterez peut-être, disant : « Nous comprenons qu'après la réforme, il y aura en général plus d'ouvrage qu'avant ; mais, en attendant, Jean et Jacques seront sur la rue. »

A quoi je réponds :

1° Quand l'ouvrage ne se déplace que pour augmenter, l'homme qui a du cœur et des bras n'est pas longtemps sur la rue ;

2° Rien n'empêche que l'État ne réserve quelques fonds pour prévenir, dans la transition, des chômages auxquels, quant à moi, je ne crois pas ;

3° Enfin, si, pour sortir d'une ornière et entrer dans un état meilleur pour tous, et surtout plus juste, il faut absolument braver quelques instants pénibles, les ouvriers sont prêts, ou je les connais mal. Plaise à Dieu qu'il en soit de même des entrepreneurs !

Eh quoi ! parce que vous êtes ouvriers, n'êtes-vous pas intelligents et moraux ? Il semble que vos prétendus amis l'oublient. N'est-il pas surprenant qu'ils traitent devant vous une telle question, parlant de salaires et d'intérets, sans prononcer seulement le mot *justice*? Ils savent pourtant bien que la restriction est *injuste*. Pourquoi donc n'ont-ils pas le courage de vous en prévenir et de vous dire : «Ouvriers, une iniquité prévaut dans le pays, mais elle vous profite, il faut la soutenir. » — Pourquoi? parce qu'ils savent que vous répondriez : Non.

Mais il n'est pas vrai que cette iniquité vous profite. Prêtez-moi encore quelques moments d'attention, et jugez vous-mêmes.

Que protége-t-on en France ? Des choses qui se font par de gros entrepreneurs dans de grosses usines, le fer, la houille, le drap, les tissus, et l'on vous dit que c'est, non dans l'intérêt des entrepreneurs, mais dans le vôtre, et pour vous assurer du travail.

Cependant toutes les fois que le *travail étranger* se présente sur notre marché sous une forme telle qu'il puisse vous nuire, mais qu'il serve les gros entrepreneurs, ne le laisse-t-on pas entrer?

N'y.a-t-il pas à Paris trente mille Allemands qui font des habits et des souliers? Pourquoi les laisse-t-on s'établir à vos côtés, quand on repousse le drap? Parce que le drap se fait dans de grandes usines appartenant à des fabricants législateurs. Mais les habits se font en chambre par des ouvriers. Pour convertir la laine en drap, ces messieurs ne veulent pas de concurrence, parce que c'est leur métier; mais, pour convertir le drap en habits, ils l'admettent fort bien, parce que c'est le vôtre.

Quand on a fait des chemins de fer, on a repoussé les rails anglais, mais on a fait venir des ouvriers anglais. Pourquoi? Et c'est tout simple : parce que les rails anglais font concurrence aux grandes usines, et que les bras anglais ne font concurrence qu'à vos bras.

Nous ne demandons pas, nous, qu'on repousse les tailleurs allemands et les terrassiers anglais. Nous demandons qu'on laisse entrer les draps et les rails. Nous demandons justice pour tous, égalité devant la loi pour tous !

C'est une dérision que de venir nous dire que la restriction douanière a en vue votre avantage. Tailleurs, Cordonniers, Charpentiers, Menuisiers, Maçons, Forgerons, Marchands, Épiciers, Horlogers, Bouchers, Boulangers, Tapissiers, Modistes, je vous mets au défi de me citer une seule manière dont la restriction vous profite, et quand vous voudrez, je vous en citerai quatre par où elle vous nuit.

Et, après tout, cette abnégation que vos journaux attribuent aux monopoleurs, voyez combien elle est vraisemblable.

Je crois qu'on peut appeler *taux naturel des salaires* celui qui s'établirait *naturellement* sous le régime de la liberté. Lors donc qu'on vous dit que la restriction vous profite, c'est comme si on vous disait qu'elle ajoute un *excédant* à vos salaires *naturels*. Or, un excédant *extra-naturel* de salaires doit être pris quelque part; il ne tombe pas de la lune, et il doit être pris sur ceux qui le paient.

Vous êtes donc conduits à cette conclusion que, selon vos prétendus amis, le régime protecteur a été créé et mis au monde pour que les capitalistes fussent sacrifiés aux ouvriers.

Dites, cela est-il probable ?

Où est donc votre place à la Chambre des Pairs ? Quand est-ce que vous avez siégé au Palais-Bourbon? Qui vous a consultés ? D'où vous est venue cette idée d'établir le régime protecteur ?

Je vous entends me répondre : Ce n'est pas nous qui l'avons établi. Hélas ! nous ne sommes ni Pairs, ni Députés, ni Conseillers d'État. Ce sont les capitalistes qui ont fait la chose.

Par le grand Dieu du ciel ! Ils étaient donc bien disposés ce jour-là ! Quoi ! les capitalistes ont fait la loi; ils ont établi le régime prohibitif, et cela pour que vous, Ouvriers, fissiez des profits à leurs dépens !

Mais voici qui est plus étrange encore.

Comment se fait-il que vos prétendus amis, qui vous parlent aujourd'hui de la bonté, de la générosité, de l'abnégation des capitalistes, vous plaignent sans cesse de ne pas jouir de vos droits poli tiques ? A leur point de vue, qu'en pourriez-vous faire ? — Les capitalistes ont le monopole de la législation ; c'est vrai. Grâce à ce monopole, ils se sont adjugés le monopole du fer, du drap, de la toile, de la houille, du bois, de la viande, c'est encore vrai. Mais voici vos prétendus amis qui disent qu'en agissant ainsi, les capitalistes se sont dépouillés sans y être obligés, pour vous enrichir sans que vous y eussiez droit ! Assurément, si vous étiez électeurs et députés, vous ne feriez pas mieux vos affaires ; vous ne les feriez même pas si bien.

Si l'organisation industrielle qui nous régit est faite dans votre intérêt, c'est donc une perfidie de réclamer pour vous des droits politiques, car ces démocrates d'un nouveau genre ne sortiront jamais de ce dilemme : la loi, faite par la bourgeoisie, vous donne *plus* ou vous donne *moins* que vos salaires naturels. Si elle vous donne *moins*, ils vous trompent en vous invitant à la soutenir. Si elle vous donne *plus,* ils vous trompent encore en vous engageant à réclamer des droits politiques, alors que la bourgeoisie vous fait des sacrifices que, dans votre honnêteté, vous n'oseriez pas voter.

Ouvriers, à Dieu ne plaise que cet écrit ait pour effet de jeter dans vos cœurs des germes d'irritation contre les classes riches. Si des *intérêts* mal entendus ou sincèrement alarmés soutiennent encore le monopole, n'oublions pas qu'il a sa racine dans des *erreurs* qui sont communes aux capitalistes et aux ouvriers. Loin donc de les exciter les uns contre les autres, travaillons à les rapprocher. Et pour cela que faut-il faire ? S'il est vrai que les naturelles tendances sociales concourent à effacer l'inégalité parmi les hommes, il ne faut que laisser agir ces tendances, éloigner les obstructions artificielles qui en suspendent l'effet, et laisser les relations des classes diverses s'établir sur le principe de la JUSTICE qui se confond, du moins dans mon esprit, avec le principe de la LIBERTÉ.

VII. — Conte chinois.

On crie à la cupidité, à l'égoïsme du siècle !

Pour moi, je vois que le monde, Paris surtout, est peuplé de Décius.

Ouvrez les mille volumes, les mille journaux, les mille feuilletons que les presses parisiennes vomissent tous les jours sur le pays ; tout cela n'est-il pas l'œuvre de petits saints ?

Quelle verve dans la peinture des vices du temps ! Quelle tendresse touchante pour les masses ! Avec quelle libéralité on invite les riches à partager avec les pauvres, sinon, les pauvres à partager avec les riches ! Que de plans de réformes sociales, d'améliorations sociales, d'organisations sociales ! Est-il si mince écrivain qui ne se dévoue au bien-être des classes laborieuses ? Il ne s'agit que de leur avancer quelques écus pour leur procurer le loisir de se livrer à leurs élucubrations humanitaires.

Et l'on parle ensuite de l'égoïsme, de l'individualisme de notre époque !

Il n'y a rien qu'on n'ait la prétention de faire servir au bien-être et à la moralisation du peuple, rien, pas même la *Douane*. — Vous croyez peut-être que c'est une machine à impôt, comme l'octroi, comme le péage au bout du pont? Point du tout. C'est une institution essentiellement civilisatrice, fraternitaire et égalitaire. Que voulez-vous? c'est la mode. Il faut mettre ou affecter de mettre du sentiment, du sentimentalisme partout, jusque dans la guérite du *qu'as-tu là?*

Mais, pour réaliser ces aspirations philanthropiques, la douane, il faut l'avouer, a de singuliers procédés.

Elle met sur pied une armée de directeurs, sous-directeurs, inspecteurs, sous-inspecteurs, contrôleurs, vérificateurs, receveurs, chefs, sous-chefs, commis, surnuméraires, aspirants-surnuméraires et aspirants à l'aspirance, sans compter le *service actif*, et tout cela pour arriver à exercer sur l'industrie du peuple cette action négative qui se résume par le mot *empêcher*.

Remarquez que je ne dis pas *taxer*, mais bien réellement *empêcher*.

Et *empêcher* non des actes réprouvés par les mœurs ou contraires à l'ordre public, mais des transactions innocentes, et même favorables, on en convient, à la paix et à l'union des peuples.

Cependant l'humanité est si flexible et si souple que, de manière ou d'autre, elle surmonte toujours les *empéchements*. C'est l'affaire d'un surcroît de travail.

Empêche-t-on un peuple de tirer ses aliments

du dehors, il les produit au dedans. C'est plus pé-
nible, mais il faut vivre. L'empêche-t-on de traverser la vallée, il franchit les pics. C'est plus long,
mais il faut arriver.

Voilà qui est triste, mais voici qui est plaisant.
Quand la loi a créé ainsi une certaine somme
d'obstacles, et que, pour les vaincre, l'humanité a
détourné une somme correspondante de travail,
vous n'êtes plus admis à demander la réforme de
la loi; car si vous montrez l'*obstacle*, on vous
montre le travail qu'il occasionne, et si vous dites :
Ce n'est pas là du travail créé, mais *détourné*,
on vous répond comme l'*Esprit public :* — « L'ap-
» pauvrissement seul est certain et immédiat;
» quant à l'enrichissement, il est plus qu'hypothé-
» tique. »

Ceci me rappelle une histoire chinoise que je
vais vous conter.

Il y avait en Chine deux grandes villes : *Tchin*
et *Tchan*. Un magnifique canal les unissait. L'empereur jugea à propos d'y faire jeter d'énormes quartiers de roche pour le mettre hors de
service.

Ce que voyant, Kouang, son premier mandarin,
lui dit :

— Fils du Ciel, vous faites une faute.

A quoi l'empereur répondit :

— Kouang, vous dites une sottise.

Je ne rapporte ici, bien entendu, que la substance du dialogue.

Au bout de trois lunes, le céleste empereur fit venir le mandarin et lui dit :

— Kouang, regardez.

Et Kouang, ouvrant les yeux, regarda.

Et il vit, à une certaine distance du canal, une multitude d'hommes *travaillant*. Les uns faisaient des déblais, les autres des remblais, ceux-ci nivelaient, ceux-là pavaient, et le mandarin, qui était fort lettré, pensa en lui-même : Ils font une route.

Au bout de trois autres lunes, l'empereur ayant appelé Kouang, lui dit :

— Regardez.

Et Kouang regarda.

Et il vit que la route était faite, et il remarqua que le long du chemin, de distance en distance, s'élevaient des hôtelleries. Une cohue de piétons, de chars, de palanquins allaient et venaient, et d'innombrables Chinois, accablés par la fatigue, portaient et reportaient de lourds fardeaux de *Tchin* à *Tchan* et de *Tchan* à *Tchin*. — et Kouang se dit : C'est la destruction du canal qui donne du travail à ces pauvres gens. Mais l'idée ne lui vint pas que ce travail était *détourné* d'autres emplois.

Et trois lunes se passèrent, et l'empereur dit à Kouang :

— Regardez.

Et Kouang regarda.

Et il vit que les hôtelleries étaient toujours pleines de voyageurs, et que ces voyageurs ayant faim, il s'était groupé autour d'elles des boutiques de bouchers, boulangers, charcutiers et marchands de nids d'hirondelles. —Et que ces honnêtes artisans ne pouvant aller nus, il s'était aussi établi des tailleurs, des cordonniers, des marchands de parasols et d'éventails, et que, comme on ne couche pas à la belle étoile, même dans le Céleste Empire, des charpentiers, des maçons et couvreurs étaient accourus. Puis vinrent des officiers de police, des juges, des fakirs; en un mot, il se forma une ville avec ses faubourgs autour de chaque hôtellerie.

Et l'empereur dit à Kouang : Que vous en semble?

Et Kouang répondit : Je n'aurais jamais cru que la destruction d'un canal pût créer pour le peuple autant de travail; car l'idée ne lui vint pas que ce n'était pas du travail créé, mais *détourné;* que les voyageurs mangeaient, lorsqu'ils passaient sur le canal aussi bien que depuis qu'ils étaient forcés de passer sur la route.

Cependant au grand étonnement des Chinois, l'empereur mourut, et le fils du Ciel fut mis en terre.

Son successeur manda Kouang, et lui dit : Faites déblayer le canal.

Et Kouang dit au nouvel empereur :

— Fils du Ciel, vous faites une faute.

Et l'empereur répondit :

— Kouang, vous dites une sottise.

Mais Kouang insista, et dit : Sire, quelle est votre but ?

— Mon but, dit l'empereur, est de faciliter la circulation des hommes et des choses entre *Tchin* et *Tchan*, de rendre le transport moins dispendieux, afin que le peuple ait du thé et des vêtements à meilleur marché.

Mais Kouang était tout préparé. Il avait reçu la veille quelques numéros du *Moniteur industriel*, journal chinois. Sachant bien sa leçon, il demanda la permission de répondre, et l'ayant obtenue, après avoir frappé du front le parquet par neuf fois, il dit :

« Sire, vous aspirez à réduire, par la facilité du transport, le prix des objets de consommation pour les mettre à la portée du peuple, et pour cela, vous commencez par lui faire perdre tout le travail que la destruction du canal avait fait naître. Sire, en économie politique, le bon marché absolu... — L'empereur : Je crois que vous récitez. — Kouang : C'est vrai : il me sera plus commode de lire. — Et ayant déployé l'*Esprit public*, il lut : « En économie politique le bon marché absolu des » objets de consommation n'est que la question » secondaire. Le problème réside dans l'équilibre » du prix du travail avec celui des objets néces- » saires à l'existence. L'abondance du travail est » la richesse des nations, et le meilleur système » économique est celui qui leur fournit la plus » grande somme de travail possible. N'allez pas

» demander s'il vaut mieux payer une tasse de thé
» 4 cash ou 8 cash, une chemise 5 tales ou 10 tales.
» Ce sont là des puérilités indignes d'un esprit
» grave. Personne ne conteste votre proposition.
» La question est de savoir s'il vaut mieux payer
» un objet plus cher et avoir, par l'abondance et le
» prix du travail, plus de moyens de l'acquérir;
» ou bien s'il vaut mieux appauvrir les sources du
» travail, diminuer la masse de la production na-
» tionale, transporter par des *chemins qui mar-*
» *chent* les objets de consommation, à meilleur
» marché, il est vrai, mais en même temps enle-
» ver à une portion de nos travailleurs les possibi-
» lités de les acheter même à ces prix réduits. »

L'empereur n'étant pas bien convaincu, Kouang
lui dit : Sire, daignez attendre. J'ai encore le *Moniteur industriel* à citer.

Mais l'empereur dit :

— Je n'ai pas besoin de vos journaux chinois
pour savoir que créer des *obstacles*, c'est appeler
le travail de ce côté. Mais ce n'est pas ma mission.
Allez, désobstruez le canal. Ensuite nous réforme-
rons la douane.

Et Kouang s'en alla, s'arrachant la barbe et
criant : O Fô ! ô Pê ! ô Lî ! et tous les dieux mono-
syllabyques et circonflexes du Cathay, prenez en
pitié votre peuple ; car il nous est venu un empereur de l'*école anglaise,* et je vois bien qu'avant
peu nous manquerons de tout, puisque que nous
n'aurons plus besoin de rien faire.

VIII. — Post hoc, ergo propter hoc.

Le plus commun et le plus faux des raisonnements.

Des souffrances réelles se manifestent en Angleterre.

Ce fait vient à la suite de deux autres :

1º La réforme douanière ;

2º La perte de deux récoltes consécutives.

A laquelle de ces deux dernières circonstances
faut-il attribuer la première ?

Les protectionistes ne manquent pas de s'écrier :
« C'est cette liberté maudite qui fait tout le mal.
Elle nous promettait monts et merveilles, nous l'a-
vons accueillie, et voilà que les fabriques s'arrêtent et le peuple souffre : *Cum hoc, ergo propter
hoc.* »

La liberté commerciale distribue de la manière
la plus uniforme et la plus équitable les fruits que
la Providence accorde au travail de l'homme. Si
ces fruits sont enlevés, en partie, par un fléau,

elle ne préside pas moins à la bonne distribution de ce qui en reste. Les hommes sont moins bien pourvus, sans doute ; mais faut-il s'en prendre à la liberté, où au fléau ?

La liberté agit sur le même principe que les assurances. Quand un sinistre survient, elle répartit sur un grand nombre d'hommes, sur un grand nombre d'années, des maux qui, sans elle, s'accumuleraient sur un peuple et sur un temps. Or, s'est-on jamais avisé de dire que l'incendie n'est plus un fléau depuis qu'il y a des assurances ?

En 1842, 43 et 44, la réduction des taxes a commencé en Angleterre. En même temps les récoltes y ont été très-abondantes, et il est permis de croire que ces deux circonstances ont concouru à la prospérité inouïe dont ce pays a donné le spectacle pendant cette période.

En 1845 la récolte a été mauvaise : en 1846, plus mauvaise encore.

Les aliments ont renchéri ; le peuple a dépensé ses ressources pour se nourrir, et restreint ses autres consommations. Les vêtements ont été moins demandés, les fabriques moins occupées, et le salaire a manifesté une tendance à la baisse.

Heureusement que dans cette même année, les barrières restrictives ayant été de nouveau abaissées, une masse énorme d'aliments a pu parvenir sur le marché anglais. Sans cette circonstance, il est à peu près certain qu'en ce moment une révolution terrible ensanglanterait la Grande-Bretagne.

Et l'on vient accuser la liberté des désastres qu'elle prévient et répare du moins en partie !

Un pauvre lépreux vivait dans la solitude. Ce qu'il avait touché, nul ne le voulait toucher. Réduit à se suffire à lui-même, il traînait dans ce monde une misérable existence. Un grand médecin le guérit. Voilà notre solitaire en pleine possession de la *liberté des échanges*. Quelle belle perspective s'ouvrait devant lui ! Il se plaisait à calculer le bon parti que, grâce à ses relations avec les autres hommes, il pourrait tirer de ses bras vigoureux. Il vint à se les rompre tous les deux. Hélas ! son sort fut plus horrible. Les journalistes de ce pays, témoins de sa misère, disaient : « Voyez à quoi l'a réduit la faculté d'échanger ! Vraiment, il était moins à plaindre quand il vivait seul. — Eh ! quoi, répondait le médecin, ne tenez-vous aucun compte de ses deux bras cassés ? n'entrent-ils pour rien dans sa triste destinée ? Son malheur est d'avoir perdu les bras, et non point d'être guéri de la lèpre. Il serait bien plus à plaindre s'il était manchot et lépreux par-dessus le marché. »

Post hoc, ergo propter hoc ; méfiez-vous de ce sophisme.

IX. — Le vol à la prime.

On trouve mon petit livre des Sophismes trop
théorique, scientifique, métaphysique. Soit. Essayons du genre trivial, banal, et, s'il le faut,
brutal. Convaincu que le public est *dupe* à l'en-
droit de la protection, je le lui ai voulu prouver. Il
préfère qu'on le lui crie : donc vociférons.

Midas, le roi Midas, a des oreilles d'âne !

Une explosion de franchise fait mieux souvent
que les circonlocutions les plus polies. Vous vous
rappelez Oronte, et le mal qu'a le misanthrope,
tout misanthrope qu'il est, à le convaincre de sa
folie.

ALCESTE. On s'expose à jouer un mauvais personnage,
ORONTE. Est-ce que vous voulez me déclarer par là
Que j'ai tort de vouloir....
ALCESTE.   Je ne dis pas cela,
Mais...
ORONTE. Est-ce que j'écris mal ?
ALCESTE.   Je ne dis pas ce .,
Mais enfin...
ORONTE. Mais ne puis-je savoir ce que dans mon sonnet ?...
ALCESTE. Franchement, il est bon à mettre au cabinet.

Franchement, bon public, *on te vole.* C'est cru,
mais c'est clair.

Les mots *vol, voler, voleur,* paraîtront de

mauvais goût à beaucoup de gens. Je leur demanderai comme Harpagon à Élise : Est-ce le mot ou la chose qui vous fait peur ?

« Quiconque a soustrait frauduleusement une chose qui ne lui appartient pas, est coupable de vol. » (*C. pén.*, *art.* 379.)

Voler : Prendre furtivement ou par force. (*Dictionnaire de l'Académie.*)

Voleur : Celui qui exige plus qu'il ne lui est dû. (*Id.*)

Or, le monopoleur qui, de par une loi de sa façon, m'oblige à lui payer 20 fr. ce que je puis avoir ailleurs pour 15, ne me soustrait-il pas frauduleusement 5 fr. qui m'appartiennent ?

Ne prend-il pas furtivement ou par force ?

N'exige-t-il pas plus qu'il ne lui est dû ?

Il soustrait, il prend, il exige, dira-t-on ; mais non point *furtivement* ou *par force* ; ce qui caractérise le vol.

Lorsque nos bulletins de contributions se trouvent chargés des 5 fr. pour la prime que soustrait, prend ou exige le monopoleur, quoi de plus *furtif*, puisque si peu d'entre nous s'en doutent ? Et pour ceux qui ne sont pas dupes, quoi de plus *forcé*, puisqu'au premier refus le garnisaire est à nos portes ?

Au reste, que les monopoleurs se rassurent. Les vols *à la prime* ou *au tarif*, s'ils blessent l'équité tout aussi bien que le vol à l'américaine, ne violent pas la loi ; ils se commettent, au contraire, de par la loi : ils n'en sont que pires, mais ils n'ont rien à démêler avec *la correctionnelle.*

D'ailleurs, bon gré, mal gré, nous sommes tous *voleurs* et *volés* en cette affaire. L'auteur de ce volume a beau crier *au voleur* quand il achète, on peut crier après lui quand il vend [1]; s'il diffère de beaucoup de ses compatriotes, c'est seulement en ceci : il sait qu'il perd au jeu plus qu'il n'y gagne, et eux ne le savent pas; s'ils le savaient, le jeu cesserait bientôt.

Je ne me vante pas, au surplus, d'avoir le premier restitué à la chose son vrai nom. Voici plus de soixante ans que Smith disait :

« Quand des industriels s'assemblent, on peut s'attendre à ce qu'une conspiration va s'ourdir contre les poches du public. » Faut-il s'en étonner, puisque le public n'en prend aucun souci?

Or donc, une assemblée d'industriels délibère officiellement sous le nom de *Conseils généraux.* Que s'y passe-t-il et qu'y résout-on ?

Voici, fort en abrégé, le procès-verbal d'une séance.

« Un armateur. Notre marine est aux abois (digression belliqueuse). Cela n'est pas surprenant, je ne saurais construire sans fer. J'en trouve bien à 10 fr. *sur le marché du monde;* mais, de par

---

[1] Possédant un champ qui le fait vivre, il est de la classe des *protégés.* Cette circonstance devrait désarmer la critique. Elle montre que, s'il se sert d'expressions dures, c'est contre la chose et non contre les intentions.

la loi, le maître de forges français me force à le lui payer 15 fr. : c'est donc 5 fr qu'il me soustrait. Je demande la liberté d'acheter où bon me semble.

» UN MAITRE DE FORGES. *Sur le marché du monde*, je trouve à faire opérer des transports à 20 fr. Législativement, l'armateur en exige 30 : c'est donc 10 fr. qu'il me *prend*. Il me pille, je le pille ; tout est pour le mieux.

» UN HOMME D'ÉTAT. La conclusion de l'armateur est bien imprudente. Oh ! cultivons l'union touchante qui fait notre force ; si nous effaçons un iota à la théorie de la protection, adieu la théorie entière.

» L'ARMATEUR. Mais pour nous la protection a failli : je répète que la marine est aux abois.

» UN MARIN. Eh bien ! relevons la *surtaxe*, et que l'armateur, qui prend 30 au public pour son fret, en prenne 40.

» UN MINISTRE. Le gouvernement poussera jusqu'aux dernières limites le beau mécanisme de la *surtaxe ;* mais je crains que cela ne suffise pas [1].

[1] Voici le texte : « Je citerai encore les lois de douane des 9 et 11 juin dernier, qui ont en grande partie pour objet d'encourager la navigation lointaine, en augmentant sur plusieurs articles les *surtaxes* afférentes au pavillon étranger. Nos lois de douane, vous le savez, sont généralement dirigées vers ce but, et peu à peu la *surtaxe* de 10 fr., établie par la loi du 28 avril 1816 et souvent insuffisante, *disparaît* pour faire place à.... une protection plus efficace et plus en harmonie avec la *cherté* relative de notre navigation. » — Ce *disparaît* est précieux.

(M. CUNIN-GRIDAINE, séance du 15 décembre 1845 *discours d'ouverture*.)

» Un fonctionnaire. Vous voilà tous bien empêchés pour peu de chose. N'y a-t-il de salut que dans le tarif, et oubliez-vous l'impôt ? Si le consommateur est bénévole, le contribuable ne l'est pas moins. Accablons-le de taxes, et que l'armateur soit satisfait. Je propose 5 fr. de prime à prendre sur les contributions publiques, pour être livrés au constructeur pour chaque quintál de fer qu'il emploiera.

» *Voix confuses.* Appuyé, appuyé ! *Un agriculteur :* A moi 3 fr. de *prime* par hectolitre de blé ! *Un tisserand :* A moi 2 fr. de prime par mètre de toile ! etc., etc.

» Le president. Voilà qui est entendu ; notre session aura enfanté le système des *primes*, et ce sera sa gloire éternelle. Quelle industrie pourra perdre désormais, puisque nous avons deux moyens si simples de convertir les pertes en profits : le tarif et la prime ? La séance est levée. »

Il faut que quelque vision surnaturelle m'ait montré en songe la prochaine apparition de la *prime* (qui sait même si je n'en ai pas suggéré la pensée à M. Dupin), lorsqu'il y a quelques mois j'écrivais ces paroles :

« Il me semble évident que la protection aurait pu, sans changer de nature et d'effets, prendre la forme d'une taxe directe prélevée par l'État, et distribuée en primes indemnitaires aux industries privilégiées. »

Et après avoir comparé le droit protecteur à la prime :

« J'avoue franchement ma' prédilection pour ce dernier système ; il me semble plus juste, plus économique et plus loyal. Plus juste, parce que si la société veut faire des largesses à quelques-uns de ses membres, il faut que tous y contribuent ; plus économique, parce qu'il épargnerait beaucoup de frais de perception et ferait disparaître beaucoup d'entraves ; plus loyal enfin, parce que le public verrait clair dans l'opération et saurait ce qu'on lui fait faire [1]. »

Puisque l'occasion nous en est si bénévolement offerte, étudions le *vol à la prime*. Aussi bien, ce qu'on en peut dire s'applique au *vol au tarif*, et comme celui-ci est un peu mieux déguisé, le filoutage direct aidera à comprendre le filoutage indirect. L'esprit procède ainsi du simple au composé.

Mais quoi ! n'y a-t-il pas quelque variété de vol plus simple encore ? Si fait, il y a le *vol de grand chemin* : il ne lui manque que d'être légalisé, monopolisé, ou, comme on dit aujourd'hui, *organisé*.

Or, voici ce que je lis dans un récit de voyages :

« Quand nous arrivâmes au royaume de A..., toutes les industries se disaient en souffrance. L'agriculture gémissait, la fabrique se plaignait, le commerce murmurait, la marine grognait et le gouvernement ne savait à qui entendre. D'abord, il eut la pensée de taxer d'importance tous les mécontents, et de leur distribuer le produit de ces

---

[1] *Sophismes économiques*, Ire série, VI, 71, 72.

taxes, après s'être fait sa part : c'eût été comme, dans notre chère Espagne, la loterie. Vous êtes mille, l'État vous prend une piastre à chacun ; puis subtilement il escamote 250 piastres, et en répartit 750, en lots plus ou moins forts, entre les joueurs. Le brave Hidalgo qui reçoit trois quarts de piastres , oubliant qu'il a donné piastre entière, ne se possède pas de joie, et court dépenser ses quinze réaux au cabaret. C'eût été encore quelque chose comme ce qui se passe en France. Quoi qu'il en soit, tout barbare qu'était le pays, le gouvernement ne compta pas assez sur la stupidité des habitants pour leur faire accepter de si singulières protections, et voici ce qu'il imagina.

» La contrée était sillonnée de routes. Le gouvernement les fit exactement kilométrer, puis il dit à l'agriculteur : « Tout ce que tu pourras voler » aux passants entre ces deux bornes est à toi : que » cela te serve de *prime*, de protection, d'encoura- »gement. » Ensuite, il assigna à chaque manufacturier, à chaque armateur, une portion de route à exploiter, selon cette formule :

Dono tibi et concedo
Virtutem et puissantiam
Volandi,
Pillandi,
Derobandi,
Filoutandi,
Et escroquandi,
Impunè per totam istam
Viam.

» Or, il est arrivé que les naturels du royaume

de A... sont aujourd'hui si familiarisés avec ce régime, si habitués à ne tenir compte que de ce qu'ils volent et non de ce qui leur est volé, si profondément enclins à ne considérer le pillage qu'au point de vue du pillard, qu'ils regardent comme un *profit national* la somme de tous les vols particuliers, et refusent de renoncer à un système de *protection* en dehors duquel, disent-ils, il n'est pas une industrie qui puisse se suffire. »

Vous vous récriez ? Il n'est pas possible, dites-vous, que tout un peuple consente à voir un *surcroît de richesses* dans ce que les habitants se dérobent les uns aux autres.

Et pourquoi pas ? Nous avons bien cette conviction en France, et tous les jours nous y organisons et perfectionnons le *vol réciproque* sous le nom de primes et tarifs protecteurs.

N'exagérons rien toutefois : convenons que, sous le rapport du *mode de perception* et quant aux circonstances collatérales, le système du royaume de A... peut être pire que le nôtre ; mais disons aussi que, quant au principe et aux effets nécessaires, il n'y a pas un atome de différence entre toutes ces espèces de vols légalement organisés pour fournir des suppléments de profits à l'industrie.

Remarquez que si le *vol de grand chemin* présente quelques inconvénients d'exécution, il a aussi des avantages qu'on ne trouve pas dans le *vol au tarif*.

Par exemple : on en peut faire une répartition équitable entre tous les producteurs. Il n'en est pas de même des droits de douane. Ceux-ci sont impuissants par leur nature à protéger certaines classes de la société, tels que artisans, marchands, hommes de lettres, hommes de robe, hommes de d'épée, hommes de peine, etc. , etc.

Il est vrai que le *vol à la prime* se prête aussi à des subdivisions infinies, et, sous ce rapport, il ne le cède pas en perfection au *vol de grand chemin;* mais, d'un autre côté, il conduit souvent à des résultats si bizarres, si jocrisses, que les naturels du royaume de A... s'en pourraient moquer avec grande raison.

Ce que perd le volé, dans le vol de grand chemin, est gagné par le voleur. L'objet dérobé reste au moins dans le pays. Mais sous l'empire du *vol à la prime,* ce que l'impôt soustrait aux Français, est conféré souvent aux Chinois, aux Hottentots, aux Cafres, aux Algonquins, et voici comme :

Une pièce de drap vaut *cent francs* à Bordeaux. Il est impossible de la vendre au-dessous, sans y perdre. Il est impossible de la vendre au-dessus, la *concurrence* entre les marchands s'y oppose. Dans ces circonstances, si un Français se présente pour avoir ce drap , il faudra qu'il le paie *cent francs,* ou qu'il s'en passe. Mais si c'est un Anglais, alors le gouvernement intervient et dit au marchand : Vends ton drap, je te ferai donner *vingt francs* par les contribuables. Le marchand, qui ne veut ni ne peut tirer que cent **francs** de son drap, le livre à l'Anglais pour 80 francs. Cette somme, ajoutée aux 20 francs, produit du *vol à la prime*, fait tout juste son compte. C'est donc exactement comme si les contribuables eussent donné 20 francs à l'Anglais, sous la condition d'acheter du drap français à 20 francs de rabais, à 20 francs au-dessous des frais de production, à 20 francs au-dessous de ce qu'il nous coûte à nous-mêmes. Donc, le *vol à la prime* a ceci de particulier, que les *volés* sont dans le pays qui le tolère, et les *voleurs* disséminés sur la surface du globe.

Vraiment, il est miraculeux que l'on persiste à tenir pour démontrée cette proposition : *Tout ce que l'individu vole à la masse est un gain général.* Le mouvement perpétuel, la pierre philosophale, la quadrature du cercle sont tombés dans l'oubli ; mais la théorie du *Progrès par le vol* est encore en honneur. *A priori* pourtant on aurait pu croire que de toutes les puérilités c'était la moins viable.

Il y en a qui nous disent : Vous êtes donc les partisans du *laissez passer?* des économistes de l'école surannée des Smith et des Say ? Vous ne voulez donc pas *l'organisation du travail?* Eh ! messieurs, organisez le travail tant qu'il vous plaira. Mais nous veillerons, nous, à ce que vous n'organisiez pas le *vol*.

D'autres plus nombreux répètent : *primes, tarifs*, tout cela a pu être exagéré. Il en faut user sans en abuser. Une sage liberté, combinée avec une protection modérée, voilà ce que réclament les hommes *sérieux* et pratiques. Gardons-nous des *principes absolus*.

C'est précisément, selon le voyageur espagnol, ce qui se disait au royaume de A...« Le vol de grand chemin, disaient les sages, n'est ni bon ni mauvais; cela dépend des circonstances. Il ne s'agit que de bien *pondérer* les choses, et de nous bien payer, nous fonctionnaires, pour cette œuvre de pondération. Peut-être a-t-on laissé au pillage trop de latitude, peut-être pas assez. Voyons, examinons, balançons les comptes de chaque travailleur. A ceux qui ne gagnent pas assez, nous donnerons un peu plus de route à exploiter. Pour ceux qui gagnent trop, nous réduirons les heures, jours ou mois de pillage. »

Ceux qui parlaient ainsi s'acquirent un grand renom de modération, de prudence et de sagesse. Ils ne manquaient jamais de parvenir aux plus hautes fonctions de l'État.

Quant à ceux qui disaient : Réprimons les injustices et les fractions d'injustice; ne souffrons ni *vol*, ni *demi-vol*, ni *quart de vol*, ceux-là passaient pour des idéologues, des rêveurs ennuyeux qui répétaient toujours la même chose. Le peuple, d'ailleurs, trouvait leurs raisonnements trop à sa portée. Le moyen de croire vrai ce qui est si simple ?

X. — Le percepteur.

JACQUES BONHOMME, Vigneron;
M. LASOUCHE, Percepteur.

L. Vous avez récolté vingt tonneaux de vin?

J. Oui, à force de soins et de sueurs.

— Ayez la bonté de m'en délivrer six et des meilleurs.

— Six tonneaux sur vingt! bonté du ciel! vous me voulez ruiner. Et, s'il vous plaît, à quoi les destinez-vous?

— Le premier sera livré aux créanciers de l'Etat. Quand on a des dettes, c'est bien le moins d'en servir les intérêts.

— Et où a passé le capital?

— Ce serait trop long à dire. Une partie fut mise jadis en cartouches qui firent la plus belle fumée du monde. Une autre soldait des hommes qui se faisaient estropier sur la terre étrangère après l'avoir ravagée. Puis, quand ces dépenses eurent attiré chez nous nos amis les ennemis, ils n'ont pas voulu déguerpir sans emporter de l'argent qu'il fallut emprunter.

— Et que m'en revient-il aujourd'hui ?

— La satisfaction de dire :

> Que je suis fier d'être Français
> Quand je regarde la colonne !

— Et l'humiliation de laisser à mes héritiers une terre grevée d'une rente perpétuelle. Enfin, il faut bien payer ce qu'on doit, quelque fol usage qu'on en ait fait. Va pour un tonneau, mais les cinq autres ?

— Il en faut un pour acquitter les services publics, la liste civile, les juges qui vous font restituer le sillon que votre voisin veut s'approprier, les gendarmes qui chassent aux larrons pendant que vous dormez, le cantonnier qui entretient le chemin qui vous mène à la ville, le curé qui baptise vos enfants, l'instituteur qui les élève, et votre serviteur qui ne travaille pas pour rien.

— A la bonne heure, service pour service. Il n'y a rien à dire. J'aimerais tout autant m'arranger directement avec mon curé et mon maître d'école ; mais je n'insiste pas là-dessus, va pour le second tonneau. Il y a loin jusqu'à six.

— Croyez-vous que ce soit trop de deux tonneaux pour votre contingent aux frais de l'armée et de la marine ?

— Hélas ! c'est peu de chose, eu égard à ce

qu'elles me coûtent déjà ; car elles m'ont enlevé deux fils que j'aimais tendrement.

— Il faut bien maintenir l'équilibre des forces européennes.

— Eh, mon Dieu ! l'équilibre serait le même si l'on réduisait partout ces forces de moitié ou des trois quarts. Nous conserverions nos enfants et nos revenus. Il ne faudrait que s'entendre.

— Oui ; mais on ne s'entend pas.

— C'est ce qui m'abasourdit. Car, enfin, chacun en souffre.

— Tu l'as voulu, Jacques Bonhomme.

— Vous faites le plaisant, monsieur le percepteur, est-ce que j'ai voix au chapitre ?

— Qui avez-vous nommé pour député ?

— Un brave général d'armée, qui sera maréchal sous peu si Dieu lui prête vie.

— Et sur quoi vit le brave général ?

— Sur mes tonneaux, à ce que j'imagine.

— Et qu'adviendrait-il s'il votait la réduction de l'armée et de votre contingent ?

— Au lieu d'être fait maréchal, il serait mis à la retraite.

— Comprenez-vous maintenant que vous avez vous-même.....

— Passons au cinquième tonneau, je vous prie.

— Celui-ci part pour l'Algérie.

— Pour l'Algérie ! Et l'on assure que tous les musulmans sont œnophobes, les barbares ! Je me suis même demandé souvent s'ils ignorent le médoc parce qu'ils sont mécréants, ou, ce qui est plus probable, s'ils sont mécréants parce qu'ils ignorent le médoc. D'ailleurs, quels services me rendent-ils en retour de cette ambroisie qui m'a tant coûté de travaux ?

— Aucun ; aussi n'est-elle pas destinée à des musulmans, mais à de bons chrétiens qui passent tous les jours en Barbarie.

— Et qu'y vont-ils faire qui puisse m'être utile?

— Exécuter des razzias et en subir ; tuer et se faire tuer : gagner des dyssenteries et revenir se faire traiter; creuser des ports, percer des routes, bâtir des villages et les peupler de Maltais, d'Italiens, d'Espagnols et de Suisses qui vivent sur votre tonneau et bien d'autres tonneaux que je viendrai vous demander encore.

— Miséricorde ! ceci est trop fort, je vous refuse net mon tonneau. On enverrait à Bicêtre un vigneron [qui ferait de telles folies. Percer des routes dans l'Atlas, grand Dieu ! quand [je ne puis sortir de chez moi ! Creuser des ports en Barbarie quand la Garonne s'ensable tous les jours ! M'enlever mes enfants que j'aime pour aller tourmenter les Kabyles ! Me faire payer les maisons, les semences et les chevaux qu'on livre aux Grecs et aux Maltais, quand il y a tant de pauvres autour de nous !

— Des pauvres ! justement, on débarrasse le pays de ce *trop plein*.

— Grand merci ! en les faisant suivre en Algérie du capital qui les ferait vivre ici.

— Et puis vous jetez les bases d'un *grand empire*, vous portez la *civilisation* en Afrique et vous décorez vote patrie d'une gloire immortelle.

— Vous êtes poète, monsieur le percepteur ; mais moi je suis vigneron, et je refuse.

— Considérez que, dans quelques mille ans, vous recouvrerez vos avances au centuple. C'est ce que disent ceux qui dirigent l'entreprise.

— En attendant, ils ne demandaient d'abord, pour parer aux frais, qu'une pièce de vin, puis deux, puis trois, et me voilà taxé à un tonneau ! Je persiste dans mon refus.

— Il n'est plus temps. Votre *chargé de pouvoirs* a stipulé pour vous l'octroi de quatre pièces entières.

— Il n'est que trop vrai. Maudite faiblesse ! Il me semblait aussi en lui donnant ma procuration que je commettais une imprudence, car qu'y a-t-il de commun entre un général d'armée et un pauvre vigneron ?

— Vous voyez bien qu'il y a quelque chose de commun entre vous, ne fût-ce que le vin que vous récoltez, et qu'il se vote à lui-même, en votre nom.

— Raillez-moi, je le mérite, monsieur le percepteur. Mais soyez raisonnable, là, laissez-moi au moins le sixième tonneau. Voilà l'intérêt des dettes payé, la liste civile pourvue, les services publics assurés, la guerre d'Afrique perpétuée. Que voulez-vous de plus ?

— On ne marchande pas avec moi. Il fallait dire vos intentions à M. le général. Maintenant, il a disposé de votre vendange.

— Maudit grognard ! Mais enfin, que voulez-vous faire de ce pauvre tonneau, la fleur de mon chai ? Tenez, goûtez ce vin. Comme il est moelleux, corsé, étoffé, velouté, rubané !....

— Excellent ! délicieux ! Il fera bien l'affaire de M. D... le fabricant de draps.

— De M. D.... le fabricant ? Que voulez-vous dire ?

— Qu'il en tirera un bon parti.

— Comment ? Qu'est-ce ? Du diable si je vous comprends !

— Ne savez-vous pas que M. D. a fondé une superbe entreprise, fort utile au pays, laquelle, tout balancé, laisse chaque année une perte considérable ?

— Je le plains de tout mon cœur. Mais qu'y puis-je faire ?

— La Chambre a compris que si cela continuait ainsi, M. D. serait dans l'alternative ou de mieux opérer ou de fermer son usine.

— Mais quel rapport y a-t-il entre les fausses spéculations de M. D. et mon tonneau ?

— La Chambre a pensé que si elle livrait à M. D. un peu de vin pris dans votre cave, quelques hectolitres de blé prélevés chez vos voisins, quelques sous retranchés aux salaires des ouvriers, ses pertes se changeraient en bénéfices.

— La recette est infaillible autant qu'ingénieuse. Mais, morbleu! elle est terriblement inique. Quoi! M. D. se couvrira de ses pertes en me prenant mon vin ?

— Non pas précisément le vin, mais le prix. C'est ce qu'on nomme *primes d'encouragement*. Mais vous voilà tout ébahi ! Ne voyez-vous pas le grand service que vous rendez à la patrie ?

— Vous voulez dire à M. D.?

— A la patrie. M. D. assure que son industrie prospère, grâce à cet arrangement, et c'est ainsi, dit-il, que le pays s'enrichit. C'est ce qu'il répétait ces jours-ci à la Chambre dont il fait partie.

— C'est une supercherie insigne! Quoi! un malotru fera une sotte entreprise, il dissipera ses capitaux; et s'il m'extorque assez de vin ou de blé pour réparer ses pertes et se ménager même des profits, on verra là un gain général !

— Votre *fondé de pouvoirs* l'ayant jugé ainsi, il ne vous reste plus qu'à me livrer les six tonneaux de vin et à vendre le mieux possible les quatorze tonneaux que je vous laisse.

— C'est mon affaire.

— C'est, voyez-vous, qu'il serait bien fâcheux que vous n'en tirassiez pas un grand prix.

— J'y aviserai.

— Car il y a bien des choses à quoi ce prix doit faire face.

— Je le sais, Monsieur, je le sais.

— D'abord, si vous achetez du fer pour renouveler vos bêches et vos charrues, une loi décide que vous le paierez au maître de forges deux fois ce qu'il vaut.

— Ah çà, mais c'est donc la forêt Noire?

— Ensuite , si vous avez besoin d'huile , de viande, de toile, de houille, de laine, de sucre, chacun, de par la loi, vous les cotera au double de leur valeur.

— Mais c'est horrible, affreux, abominable!

— A quoi bon ces plaintes? Vous-même, par votre *chargé de procuration...*

— Laissez-moi en paix avec ma procuration. Je l'ai étrangement placée, c'est vrai. Mais on ne m'y prendra plus et je me ferai représenter par bonne et franche paysannerie.

— Bah! vous renommerez le brave général?

— Moi, je renommerai le général, pour distribuer mon vin aux Africains et aux fabricants?

— Vous le renommerez, vous dis-je.

— C'est un peu fort. Je ne le renommerai pas, si je ne veux pas.

— Mais vous voudrez et vous le renommerez.

— Qu'il vienne s'y frotter. Il trouvera à qui parler.

— Nous verrons bien. Adieu. J'emmène vos six tonneaux et vais en faire la répartition, comme le général l'a décidé.

— Si j'étais ministre de Sa Majesté !...

— Eh bien, que feriez-vous ?

— Je commencerais par.... par...., ma foi, par être fort embarrassé. Car enfin, je ne serais ministre que parce que j'aurais la majorité ; je n'aurais la majorité que parce que je me la serais faite ; je ne me la serais faite, honnêtement du moins, qu'en gouvernant selon ses idées.... Donc, si j'entreprenais de faire prévaloir les miennes en contrariant les siennes, je n'aurais plus la majorité, et si je n'avais pas la majorité, je ne serais pas ministre de Sa Majesté.

— Je suppose que vous le soyez et que par conséquent la majorité ne soit pas pour vous un obstacle ; que feriez-vous ?

— Je rechercherais de quel côté est le *juste*.

— Et ensuite ?

— Je chercherais de quel coté est l'*utile*.

— Et puis ?

— Je chercherais s'ils s'accordent ou se gourment entre eux.

— Et si vous trouviez qu'ils ne s'accordent pas ?

— Je dirais au roi Philippe :
Reprenez votre portefeuille.

— La rime n'est pas riche et le style en est vieux ;
Mais pourtant je conviens que cela vaut bien mieux
Que ces transactions dont le bon sens murmure,
Et que l'honnêteté parle là toute pure.

Mais si vous reconnaissez que le *juste* et l'*utile* c'est tout un ?

— Alors, j'irai droit en avant.

— Fort bien. Mais pour réaliser l'utilité par la justice, il faut une troisième chose.

— Laquelle ?

— La possibilité.

— Vous me l'avez accordée.

— Quand ?

— Tout à l'heure.

— Comment ?

— En me concédant la majorité.

— Il me semblait aussi que la concession était fort hasardée, car enfin elle implique que la majorité voit clairement ce qui est juste, voit clairement ce qui est utile, et voit clairement qu'ils sont en parfaite harmonie.

— Et si elle voyait clairement tout cela, le bien se ferait, pour ainsi dire, tout seul.

— Voilà où vous m'amenez constamment : à ne voir de réforme possible que par le progrès de la raison générale.

— Comme à voir, par ce progrès, toute réforme infaillible.

— A merveille. Mais ce progrès préalable est lui-même un peu long. Supposons-le accompli. Que feriez-vous? car je suis pressé de vous voir à l'œuvre, à l'exécution, à la pratique.

— D'abord, je réduirais la taxe des lettres à 10 centimes.

— Je vous avais entendu parler de 5 centimes.

— Oui; mais comme j'ai d'autres réformes en vue, je dois procéder avec prudence pour éviter le déficit.

— Tudieu! quelle prudence! Vous voilà déjà en déficit de 30 millions.

— Ensuite, je réduirais l'impôt du sel à 10 fr.

— Bon! vous voilà en déficit de 30 autres millions. Vous avez sans doute inventé un nouvel impôt?

— Le Ciel m'en préserve! D'ailleurs, je ne me flatte pas d'avoir l'esprit si inventif.

— Il faut pourtant bien.. ah! j'y suis. Où avais-je la tête? Vous allez simplement diminuer la dépense. Je n'y pensais pas.

— Vous n'êtes pas le seul. — J'y arriverai, mais pour le moment, ce n'est pas sur quoi je compte.

— Oui-dà! vous diminuez la recette sans diminuer la dépense, et vous évitez le déficit?

— Oui, en diminuant en même temps d'autres taxes.

(Ici l'interlocuteur, posant l'index de la main droite sur son sinciput, hoche la tête, ce qui peut se traduire ainsi : il bat la campagne.)

— Par ma foi ! le procédé est ingénieux. Je verse 100 francs au trésor, vous me dégrevez de 5 francs sur le sel, de 5 francs sur la poste ; et pour que le trésor n'en reçoive pas moins 100 francs, vous me dégrevez de 10 francs sur quelqu'autre taxe ?

— Touchez-là ; vous m'avez compris.

— Du diable si c'est vrai ! Je ne suis pas même sûr de vous avoir entendu.

— Je répète que je balance un dégrèvement par un autre.

— Morbleu ! j'ai quelques instants à perdre : autant vaut que je vous écoute développer ce paradoxe.

— Voici tout le mystère : je sais une taxe qui vous coûte vingt francs et dont il ne rentre pas une obole au trésor ; je vous fais remise de moitié et fais prendre à l'autre moitié le chemin de l'hôtel de la rue de Rivoli.

— Vraiment ! vous êtes un financier sans pareil. Il n'y a qu'une difficulté. En quoi est-ce, s'il vous plaît, que je paie une taxe qui ne va pas au trésor ?

— Combien vous coûte cet habit ?

— 100 francs.

— Et si vous eussiez fait venir le drap de Verviers, combien vous coûterait-il ?

— 80 francs.

— Pourquoi donc ne l'avez-vous pas demandé à Verviers ?

— Parce que cela est défendu.

— Et pourquoi cela est-il défendu?

— Pour que l'habit me revienne à 100 francs au lieu de 80.

— Cette défense vous coûte donc 20 francs?

— Sans aucun doute.

— Et où passent-ils, ces 20 francs?

— Et où passeraient-ils? Chez le fabricant de drap.

— Eh bien! donnez-moi 10 francs pour le trésor, je ferai lever la défense, et vous gagnerez encore 10 francs.

— Oh! oh! je commence à y voir clair. Voici le compte du trésor : il perd 5 francs sur la poste, 5 sur le sel, et gagne 10 francs sur le drap. Partant quitte.

— Et voici votre compte à vous : Vous gagnez 5 francs sur le sel, 5 francs sur la poste et 10 francs sur le drap.

— Total, 20 francs. Ce plan me sourit assez. Mais que deviendra le pauvre fabricant de draps?

— Oh! j'ai pensé à lui. Je lui ménage des compensations, toujours au moyen de dégrèvements profitables au trésor; et ce que j'ai fait pour vous à l'occasion du drap, je le fais pour lui à l'égard de la laine, de la houille, des machines, etc. ; en sorte qu'il pourra baisser son prix sans perdre.

— Mais êtes-vous sûr qu'il y aura balance?

— Elle penchera de son côté. Les 20 francs que je vous fais gagner sur le drap, s'augmenteront de ceux que je vous économiserai encore sur le blé, la viande, le combustible, etc. Cela montera haut ; et une épargne semblable sera réalisée par chacun de vos trente-cinq millions de concitoyens. Il y a là de quoi épuiser les draps de Verviers et ceux d'Elbeuf. La nation sera mieux vêtue, voilà tout.

— J'y réfléchirai ; car tout cela se brouille un peu dans ma tête.

— Après tout, en fait de vêtements, l'essentiel est d'être vêtu. Vos membres sont votre propriété et non celle du fabricant. Les mettre à l'abri de grelotter est votre affaire et non la sienne ! Si la loi prend parti pour lui contre vous, la loi est injuste, et vous m'avez autorisé à raisonner dans l'hypothèse que ce qui est injuste est nuisible.

— Peut-être me suis-je trop avancé ; mais poursuivez l'exposé de votre plan financier.

— Je ferai donc une loi de douanes.

— En deux volumes in-folio ?

— Non, en deux articles.

— Pour le coup, on ne dira plus que ce fameux axiome : « Nul n'est censé ignorer la loi, » est une fiction. Voyons donc votre tarif.

— Le voici :

Art. 1er Toute marchandise importée paiera une taxe de 5 p. % de la valeur.

— Même les *matières premières* ?

— A moins qu'elles n'aient point de *valeur*.

— Mais elles en ont toutes, peu ou *prou*.

— En ce cas, elles paieront peu ou *prou*.

— Comment voulez-vous que nos fabriques luttent avec les fabriques étrangères qui ont les *matières premières* en franchise !

— Les dépenses de l'État étant données, si nous fermions cette source de revenus, il en faudra ouvrir une autre : cela ne diminuera pas l'infériorité relative de nos fabriques, et il y aura une administration de plus à créer et à payer.

— Il est vrai ; je raisonnais comme s'il s'agissait d'annuler la taxe et non de la déplacer. J'y réfléchirai. Voyons votre second article ?....

— Art. 2. Toute marchandise exportée paiera une taxe de 5 p. % de la valeur.

— Miséricorde ! monsieur l'Utopiste. Vous allez vous faire lapider, et au besoin je jetterai la première pierre.

— Nous avons admis que la majorité est éclairée.

— Éclairée ! soutiendrez-vous qu'un *droit de sortie* ne soit pas onéreux ?

— Toute taxe est onéreuse ; mais celle-ci moins qu'une autre.

— Le carnaval justifie bien des excentricités. Donnez-vous le plaisir de rendre spécieux, si cela est possible, ce nouveau paradoxe.

— Combien avez-vous payé ce vin ?

— Un franc le litre.

— Combien l'auriez-vous payé hors barrière ?

— Cinquante centimes.

— Pourquoi cette différence ?

— Demandez-le à l'octroi qui a prélevé dix sous dessus.

— Et qui a établi l'octroi?

— La commune de Paris, afin de paver et d'éclairer les rues.

— C'est donc un droit d'importation. Mais si c'étaient les communes limitrophes qui eussent érigé l'octroi à leur profit, qu'arriverait-il?

— Je n'en paierais pas moins 1 fr. mon vin de 50 c., et les autres 50 c. paveraient et éclaireraient Montmartre et les Batignoles.

— En sorte qu'en définitive c'est le consommateur qui paie la taxe?

— Cela est hors de doute.

— Donc, en mettant un droit à l'exportation, vous faites contribuer l'étranger à vos dépenses.

— Je vous prends en faute, ceci n'est plus de la *justice*.

— Pourquoi pas? Pour qu'un produit se f asse, il faut qu'il y ait dans le pays de l'instruction, de la sécurité, des routes, toutes choses qui coûtent. Pourquoi l'étranger ne supporterait-il pas les charges occasionnées par ce produit, lui qui, en définitive, va le consommer?

— Cela est contraire aux idées reçues.

— Pas le moins du monde. Le dernier acheteur doit rembourser tous les frais de production directs ou indirects.

— Vous avez beau dire, il saute aux yeux qu'une telle mesure paralyserait le commerce et nous fermerait des débouchés.

— C'est une illusion. Si vous payiez cette taxe

en sus de toutes les autres, vous avez raison. Mais si les 100 millions prélevés par cette voie dégrèvent d'autant d'autres impôts, vous reparaissez sur les marchés du dehors avec tous vos avantagés, et même avec plus d'avantages, si cet impôt a moins occasionné d'embarras et de dépenses.

— J'y réfléchirai. — Ainsi, voilà le sel, la poste et la douane réglés. Tout est-il fini là ?

— A peine je commence.

— De grâce, initiez-moi à vos autres utopies.

— J'avais perdu 60 millions sur le sel et la poste. La douane me les fait retrouver ; mais elle me donne quelque chose de plus précieux.

— Et quoi donc, s'il vous plaît ?

— Des rapports internationaux fondés sur la justice, et une probabilité de paix qui équivaut à une certitude. Je congédie l'armée.

— L'armée tout entière ?

— Excepté les armes spéciales, qui se recruteront volontairement comme toutes les autres professions. Vous le voyez, la conscription est abolie.

— Monsieur, il faut dire le recrutement.

— Ah ! j'oubliais. J'admire comme il est aisé, en certains pays, de perpétuer les choses les plus impopulaires en leur donnant un autre nom.

— C'est comme les *droits réunis,* qui sont devenus des *contributions indirectes.*

— Et les *gendarmes* qui ont pris nom *gardes municipaux.*

— Bref, vous désarmez le pays sur la foi d'une utopie.

— J'ai dit que je licenciais l'armée et non que je désarmais le pays. J'entends lui donner au contraire une force invincible.

— Comment arrangez-vous cet amas de contradictions?

— J'appelle tous les citoyens au service.

— Il valait bien la peine d'en dispenser quelques-uns pour y appeler tout le monde.

— Vous ne m'avez pas fait ministre pour laisser les choses comme elles sont. Aussi, à mon avénement au pouvoir, je dirai comme Richelieu : « Les maximes de l'Etat sont changées. » Et ma première maxime, celle qui servira de base à mon administration, c'est celle-ci : Tout citoyen doit savoir deux choses : pourvoir à son existence et défendre son pays.

— Il me semble bien, au premier abord, qu'il y a quelque étincelle de bon sens là-dessous.

— En conséquence, je fonde la défense nationale sur une loi en deux articles :

Art. 1er. Tout citoyen valide, sans exception, restera sous les drapeaux pendant quatre années, de 21 à 25 ans, pour y recevoir l'instruction militaire.

— Voilà une belle économie! vous congédiez 400 mille soldats et vous en faites dix millions.

— Attendez mon second article.

Art. 2. A moins qu'il ne prouve, à 21 ans, savoir parfaitement l'école de peloton.

— Je ne m'attendais pas à cette chute. Il est certain que pour éviter quatre ans de service, il y aurait une terrible émulation, dans notre jeunesse, à apprendre le *par le flanc droit* et la *charge en douze temps*. L'idée est bizarre.

— Elle est mieux que cela. Car enfin, sans jeter la douleur dans les familles, et sans froisser l'égalité, n'assure-t-elle pas au pays d'une manière simple et peu dispendieuse, 10 millions de défenseurs capables de défier la coalition de toutes les armées permanentes du globe ?

— Vraiment, si je n'étais sur mes gardes, je finirais par m'intéresser à vos fantaisies.

L'utopiste s'échauffant : Grâce au Ciel, voilà mon budget soulagé de 200 millions ! Je supprime l'octroi, je refonds les contributions indirectes, je...

— Eh ! monsieur l'utopiste !

L'utopiste s'échauffant de plus en plus : Je proclame la liberté des cultes, la liberté d'enseignement. Nouvelles ressources. J'achète les chemins de fer, je rembourse la dette, j'affame l'agiotage.

— Monsieur l'utopiste !

— Débarrassé de soins trop nombreux, je concentre toutes les forces du gouvernement à réprimer la fraude, distribuer à tous prompte et bonne justice, je....

— Monsieur l'utopiste, vous entreprenez trop de choses, la nation ne vous suivra pas !

— Vous m'avez donné la majorité.

— Je vous la retire.

— A la bonne heure ! alors je ne suis plus ministre, et mes plans restent ce qu'ils sont, des UTOPIES.

XII. — Le Sel, la Poste, la Douane.

1846.

On s'attendait, il y a quelques jours, à voir le mécanisme représentatif enfanter un produit tout nouveau et que ses rouages n'étaient pas encore parvenus à élaborer : *le soulagement du contribuable.*

Chacun était attentif : l'expérience était intéressante autant que nouvelle. Les forces aspirantes de cette machine ne donnent d'inquiétude à personne. Elle fonctionne, sous ce rapport, d'une manière admirable, quels que soient le temps, le lieu, la saison et la circonstance.

Mais, quant aux réformes qui tendent à simplifier, égaliser et alléger les charges publiques, nul ne sait encore ce qu'elle peut faire.

On disait : Vous allez voir ; voici le moment ; c'est l'œuvre des *quatrièmes sessions,* alors que la popularité est bonne à quelque chose. 1842 nous valut les chemins de fer ; 1846 va nous donner l'abaissement de la taxe du sel et des lettres ; 1850 nous réserve le remaniement des tarifs et des contributions indirectes. La quatrième session, c'est le *jubilé* du contribuable.

Chacun était donc plein d'espoir, et tout semblait favoriser l'expérience. *Le Moniteur* avait annoncé que, de trimestre en trimestre, les sources du revenu vont toujours grossissant ; et quel meilleur usage pouvait-on faire de ces rentrées inattendues, que de permettre au villageois un grain de sel de plus pour son eau tiède, une lettre de plus du champ de bataille où se joue la vie de son fils ?

Mais qu'est-il arrivé ? Comme ces deux matières sucrées qui, dit-on, s'empêchent réciproquement de cristalliser ; ou comme ces deux chiens dont la lutte fut si acharnée qu'il n'en resta que les deux queues, les deux réformes se sont entre-dévorées. Il ne nous en reste que les queues, c'est-à-dire force projets de lois, exposés des motifs, rapports, statistiques et annexes, où nous avons la consolation de voir nos souffrances philanthropiquement appréciées et homœopathiquement calculées. — Quant aux réformes elles-mêmes, elles n'ont pas cristallisé. Il ne sort rien du creuset, et l'expérience a failli.

Bientôt les chimistes se présenteront devant le jury pour expliquer cette déconvenue, et ils diront,

L'un : « J'avais *proposé* la réforme postale ; mais la Chambre a voulu dégrever le sel, et j'ai dû la retirer. »

L'autre : « J'avais *voté* le dégrèvement du sel ; mais le ministère a proposé la réforme postale, et le vote n'a pas abouti. »

Et le jury, trouvant la raison excellente, recommencera l'épreuve sur les mêmes données, et renverra à l'œuvre les mêmes chimistes.

Ceci nous prouve qu'il pourrait bien y avoir quelque chose de raisonnable, malgré la source, dans la pratique qui s'est introduite depuis un demi-siècle de l'autre côté du détroit, et qui consiste, pour le public, à ne poursuivre qu'une réforme à la fois. C'est long, c'est ennuyeux ; mais ça mène à quelque chose.

Nous avons une douzaine de réformes sur le chantier ; elles se pressent comme les ombres à la porte de l'oubli, et pas une n'entre.

> Ohime ! che lasso !
> Una a la volta, per carita.

C'est ce que disait *Jacques Bonhomme* dans un dialogue avec *John Bull* sur la *réforme postale*. Il vaut la peine d'être rapporté.

JACQUES BONHOMME, JOHN BULL.

JACQUES BONHOMME. Oh ! qui me délivrera de cet ouragan de réformes ! J'en ai la tête fendue. Je crois qu'on en invente tous les jours : réforme universitaire, financière, sanitaire, parlementaire ; réforme électorale, réforme commerciale, réforme sociale, et voici venir la réforme *postale !*

JOHN BULL. Pour celle-ci, elle est si facile à faire et si utile, comme nous l'éprouvons chez nous, que je me hasarde à vous la conseiller.

JACQUES. On dit pourtant que ça a mal tourné en Angleterre, et que votre Échiquier y a laissé dix millions.

JOHN. Qui en ont enfanté cent dans le public.

JACQUES. Cela est-il bien certain ?

JOHN. Voyez tous les signes par lesquels se manifeste la satisfaction publique. Voyez la nation, Peel et Russell en tête, donner à M. Rowland-Hill, à la façon britannique, des témoignages substantiels de gratitude. Voyez le pauvre peuple ne faire circuler ses lettres qu'après y avoir déposé l'empreinte de ses sentiments au moyen de pains à cacheter qui portent cette devise : *A la réforme postale, le peuple reconnaissant.* Voyez les chefs de la Ligue déclarer en plein Parlement que sans elle il leur eût fallu trente ans pour accomplir leur grande entreprise, pour affranchir la nourriture du pauvre. Voyez les officiers du *Board of trade* déclarer qu'il est fâcheux que la monnaie anglaise ne se prête pas à une réduction plus radicale encore du port des lettres ! Quelles preuves vous faut-il de plus ?

JACQUES. Oui, mais le Trésor ?

JOHN. Est-ce que le Trésor et le public ne sont pas dans la même barque ?

JACQUES. Pas tout à fait. — Et puis, est-il bien

certain que notre système postal ait besoin d'être réformé ?

JOHN. C'est là la question. Voyons un peu comment se passent les choses. Que deviennent les lettres qui sont mises à la poste ?

JACQUES. Oh ! c'est un mécanisme d'une simplicité admirable; le directeur ouvre la boîte à une certaine heure, et il en retire, je suppose, cent lettres.

JOHN. Et ensuite ?

JACQUES. Ensuite il les inspecte l'une après l'autre. Un tableau géographique sous les yeux, et une balance en main, il cherche à quelle catégorie chacune d'elles appartient sous le double rapport de la distance et du poids. Il n'y a que onze zones et autant de degrés de pesanteur.

JOHN. Cela fait bien cent vingt-une combinaisons pour chaque lettre.

JACQUES. Oui, et il faut doubler ce nombre, parce que la lettre peut appartenir ou ne pas appartenir au *service rural*.

JOHN. C'est donc 24,200 recherches pour les cent lettres. — Que fait ensuite M. le directeur ?

JACQUES. Il inscrit le poids sur un coin et la taxe au beau milieu de l'adresse, sous la figure d'un hiéroglyphe convenu dans l'administration.

JOHN. Et ensuite ?

JACQUES. Il timbre ; il partage les lettres en dix paquets, selon les bureaux avec lesquels il correspond. Il additionne le total des taxes des dix paquets.

JOHN. Et ensuite ?

JACQUES. Ensuite il inscrit les dix sommes en long sur un registre, et en travers sur un autre.

JOHN. Et ensuite ?

JACQUES. Ensuite il écrit une lettre à chacun des dix directeurs correspondants pour l'informer de l'article de comptabilité qui le concerne.

JOHN. Et si les lettres sont affranchies?

JACQUES. Oh! alors j'avoue que le service se complique un peu. Il faut recevoir la lettre, la peser, et mesurer, comme devant, toucher le paiement et rendre monnaie ; choisir parmi trente timbres celui qui convient ; constater sur la lettre son numéro d'ordre, son poids et sa taxe ; transcrire l'adresse tout entière sur un premier registre, puis sur un second, puis sur un troisième, puis sur un bulletin détaché ; envelopper la lettre dans le bulletin, envoyer le tout bien ficelé au directeur correspondant, et relater chacune de ces circonstances dans une douzaine de colonnes choisies parmi cinquante qui bariolent les sommiers.

JOHN. Et tout cela pour 40 centimes !

JACQUES. Oui, en moyenne.

JOHN. Je vois qu'en effet le *départ* est assez simple. Voyons comment les choses se passent à *l'arrivée*.

JACQUES. Le directeur ouvre la dépêche.

JOHN. Et après?

JACQUES. Il lit les dix avis de ses correspondants.

JOHN. Et après ?

JACQUES. Il compare le total accusé par chaque avis avec le total qui résulte de chacun des dix paquets de lettres.

JOHN. Et après?

JACQUES. Il fait le total des totaux, et sait de quelle somme en bloc il rendra les facteurs responsables.

JOHN. Et après?

JACQUES. Après, tableau des distances et balance en main, il vérifie et rectifie la taxe de chaque lettre.

JOHN. Et après?

JACQUES. Il inscrit de registre en registre, de colonne en colonne, selon d'innombrables occurrences, les *plus trouvés* et les *moins trouvés*

JOHN. Et après?

JACQUES. Il se met en correspondance avec les dix directeurs pour signaler des erreurs de 10 ou 20 centimes.

JOHN. Et après?

JACQUES. Il remanie toutes les lettres reçues pour les donner aux facteurs.

JOHN. Et après?

JACQUES. Il fait le total des taxes que chaque facteur prend en charge.

JOHN. Et après?

JACQUES. Le facteur vérifie, on discute la signification des hiéroglyphes. Le facteur avance la somme, et il part.

JOHN. *Go on.*

JACQUES. Le facteur va chez le destinataire, il frappe à la porte; un domestique descend. Il y a six lettres à cette adresse. On additionne les taxes, séparément d'abord, puis en commun. On en trouve pour 2 fr. 70 c.

JOHN. *Go on.*

JACQUES. Le domestique va trouver son maître : celui-ci procède à la vérification des hiéroglyphes. Il prend les 3 pour des 2, et les 9 pour des 4; il a des doutes sur les poids et les distances; bref, il faut faire monter le facteur, et en l'attendant, il cherche à deviner le signataire des lettres, pensant qu'il serait sage de les refuser.

JOHN. *Go on.*

JACQUES. Le facteur arrive et plaide la cause de l'administration. On discute, on examine, on pèse, on mesure; enfin le destinataire reçoit cinq lettres et on en *rebute* une.

JOHN. *Go on.*

JACQUES. Il ne s'agit plus que du paiement. Le domestique va chez l'épicier chercher de la monnaie. Enfin au bout de vingt minutes, le facteur est libre et il court recommencer de porte en porte la même cérémonie.

JOHN. *Go on.*

JACQUES. Il revient au bureau. Il compte et recompte avec le directeur. Il remet les lettres rebutées et se fait restituer ses avances. Il rend compte des objections des destinataires relativement aux poids et aux distances.

JOHN. *Go on.*

JACQUES. Le directeur cherche les registres, les sommiers, les bulletins spéciaux, pour faire ses comptes de *rebuts.*

JOHN. *Go on, if you please.*

JACQUES. Et ma foi, je ne suis pas directeur. Nous arriverions ici aux comptes de dizaines, de vingtaines, de fin du mois ; aux moyens imaginés, non-seulement pour établir, mais pour contrôler une comptabilité si minutieuse portant sur 50 millions de francs, résultant de taxes moyennes de 43 centimes, et de 116 millions de lettres, chacune desquelles peut appartenir à 242 catégories.

JOHN. Voilà une simplicité très-compliquée. Certes, l'homme qui a résolu ce problème devait avoir cent fois plus de génie que votre M. Piron ou notre Rowland-Hill.

JACQUES. Mais, vous qui avez l'air de rire de notre système, expliquez-moi le vôtre.

JOHN. En Angleterre, le gouvernement fait vendre, dans tous les lieux où il juge utile, des enveloppes et des bandes à un penny pièce.

JACQUES. Et après ?

JOHN. Vous écrivez, pliez votre lettre en quatre, la mettez dans une de ces enveloppes, la jetez ou l'envoyez à la poste.

JACQUES. Et après ?

JOHN. Après, tout est dit. Il n'y a ni poids, ni distances, ni *plus trouvés,* ni *moins trouvés,* ni *rebuts*, ni bulletins, ni registres, ni sommiers, ni colonnes, ni comptabilité, ni contrôle, ni monnaie à donner ni à recevoir, ni hiéroglyphes, ni discussions et interprétations, ni forcement en recette, etc., etc.

JACQUES. Vraiment cela paraît simple. Mais ce ne l'est-il pas trop ? Un enfant comprendrait cela. C'est avec de pareilles réformes qu'on étouffe le génie des grands administrateurs. Pour moi, je tiens à la manière française. Et puis, votre *taxe uniforme* a le plus grand de tous les défauts. Elle est injuste.

JOHN. Pourquoi donc ?

JACQUES. Parce qu'il est injuste de faire payer autant pour une lettre qu'on porte au voisinage que pour celle qu'on porte à cent lieues.

JOHN. En tous cas, vous conviendrez que l'injustice est renfermée dans les limites d'un penny.

JACQUES. Qu'importe ? c'est toujours une injustice.

JOHN. Elle ne peut même jamais s'étendre qu'à un demi-penny, car l'autre moitié est afférente à des frais fixes pour toutes les lettres, quelle que soit la distance.

JACQUES. Penny ou demi-penny, il y a toujours là un principe d'injustice.

JOHN. Enfin, cette injustice qui, *au maximum*, ne peut aller qu'à un demi-penny dans un cas particulier, s'efface pour chaque citoyen dans l'ensemble de sa correspondance, puisque chacun écrit tantôt au loin, tantôt au voisinage.

JACQUES. Je n'en démords pas. L'injustice est atténuée à l'infini si vous voulez, elle est inappréciable, infinitésimale, homœopathique, mais elle existe.

JOHN. L'Etat vous fait-il payer plus cher le gramme de tabac que vous achetez à la rue de Clichy que celui qu'on vous *débite* au quai d'Orsay?

JACQUES. Quel rapport y a-t-il entre les deux objets de comparaison?

JOHN. C'est que, dans un cas comme dans l'autre, il a fallu faire les frais d'un transport. Il serait juste, mathématiquement, que chaque prise de tabac fût plus chère rue de Clichy qu'au quai d'Orsay de quelque millionième de centime.

JACQUES. C'est vrai, il ne faut vouloir que ce qui est possible.

JOHN. Ajoutez que votre système de poste n'est juste qu'en apparence. Deux maisons se trouvent côte à côte, mais l'une en dehors, l'autre en dedans de la zone. La première paiera 10 centimes de plus que la seconde, juste autant que coûte en Angleterre le port entier de la lettre. Vous voyez bien que malgré les apparences, l'injustice se commet chez vous sur une bien plus grande échelle.

JACQUES. Cela semble bien vrai. Mon objection ne vaut pas grand'chose, mais reste toujours la perte du revenu.

Ici, je cessai d'entendre les deux interlocuteurs

Il paraît cependant que Jacques Bonhomme fut entièrement converti ; car, quelques jours après, le rapport de M. Vuitry ayant paru, il écrivit la lettre suivante à l'honorable législateur :

J. BONHOMME A M. DE VUITRY, DÉPUTÉ, RAPPORTEUR DE LA COMMISSION CHARGÉE D'EXAMINER LE PROJET DE LOI RELATIF A LA TAXE DES LETTRES.

« Monsieur,

» Bien que je n'ignore pas l'extrême défaveur qu'on crée contre soi quand on se fait l'avocat d'une *théorie absolue*, je ne crois pas devoir abandonner la cause *de la taxe unique et réduite au simple remboursement du service rendu*.

» En m'adressant à vous, je vous fais beau jeu assurément. D'un côté, un cerveau brûlé, un réformateur de cabinet, qui parle de renverser tout un système brusquement, sans transition ; un rêveur qui n'a peut-être pas jeté les yeux sur cette montagne de lois, ordonnances, tableaux, annexes, statistiques qui accompagnent votre rapport ; et pour tout dire en un mot, un *théoricien !* — De l'autre, un législateur grave, prudent, modéré, qui a tout pesé et comparé, qui ménage les intérêts divers, qui rejette tous les *systèmes*, ou, ce qui revient au même, en compose un de ce qu'il emprunte à tous les autres : certes, l'issue de la lutte ne saurait être douteuse.

» Néanmoins, tant que la question est pendante, les convictions ont le droit de se produire. Je sais que la mienne est assez tranchée pour appeler sur les lèvres du lecteur le sourire de la raillerie. Tout ce que j'ose attendre de lui, c'est de me le prodiguer, s'il y a lieu, après et non avant d'avoir écouté mes raisons.

» Car enfin, moi aussi je puis invoquer *l'expérience*. Un grand peuple en a fait l'épreuve. Comment la juge-t-il ? On ne nie pas qu'il soit habile en ces matières, et son jugement a quelque poids.

» Eh bien, il n'y a pas une voix en Angleterre qui ne bénisse la *réforme postale*. J'en ai pour témoin la souscription ouverte en faveur de M. Rowland-Hill ; j'en ai pour témoin la manière originale dont le peuple, à ce que me disait John Bull, exprime sa reconnaissance ; j'en ai pour témoin cet aveu si souvent réitéré de la Ligue : « Jamais sans le *penny-postage* nous n'aurions développé l'opinion publique qui renverse aujourd'hui le système protecteur. » J'en ai pour témoin ce que je lis dans un ouvrage émané d'une plume officielle :

« La taxe des lettres doit être réglée non dans un but de » fiscalité, mais dans l'unique objet de couvrir la dé- » pense. »

« A quoi M. Mac Gregor ajoute :

« Il est vrai que la taxe étant descendue au niveau de no- » tre plus petite monnaie, il n'est pas possible de l'abaisser » davantage, quoiqu'elle donne du revenu. Mais ce revenu,

» qui ira sans cesse grossissant, doit être consacré à amé-
» liorer le service et à développer notre système de paque-
» bots sur toutes les mers. »

» Ceci me conduit à examiner la pensée fondamentale de la Commission , qui est , au contraire ,
que la taxe des lettres doit être pour l'Etat une
source de revenus.

» Cette pensée domine tout votre rapport, et
j'avoue que, sous l'empire de cette préoccupation,
vous ne pouviez arriver à rien de grand, à rien de
complet ; heureux si, en voulant concilier tous les
systèmes, vous n'en avez combiné les inconvénients
divers.

» La première question qui se présente est donc
celle-ci : La correspondance entre les particuliers
est-elle une bonne *matière imposable ?*

» Je ne remonterai pas aux principes abstraits.
Je ne ferai pas remarquer que la société n'étant
que la communication des idées, l'objet de tout
gouvernement doit être de favoriser et non de contrarier cette communication.

» J'examinerai les faits existants.

» La longueur totale des routes royales, dépar-
tementales et vicinales, est de un million de kilo-
mètres ; et supposant que chacun a coûté 100,000 fr.
cela fait un capital de cent milliards dépensé par
l'Etat pour favoriser la locomotion des choses et
des hommes.

» Or, je vous le demande , si un de vos honora-

bles collègues proposait à la Chambre un projet de
loi ainsi conçu :

« A partir du 1er janvier 1847, l'État percevra sur tous les
» voyageurs une taxe calculée, non-seulement pour couvrir
» les dépenses des routes, mais encore pour faire rentrer
» dans ses caisses quatre à cinq fois le montant de cette dé-
» pense. »

» Ne trouveriez-vous pas cette proposition anti-
sociale et monstrueuse ?

» Comment se fait-il que cette pensée de *bénéfice*, que dis-je? de simple *rémunération*, ne se
soit jamais présentée à l'esprit quand il s'est agi
de la circulation des choses, et qu'elle vous pa-
raisse si naturelle quand il est question de la circulation des idées ?

» J'ose dire que cela tient à l'habitude. S'il était
question de créer la poste, à coup sûr il paraîtrait
monstrueux de l'établir sur le *principe fiscal*.

» Et veuillez remarquer qu'ici l'oppression est
mieux caractérisée.

» Quand l'Etat a ouvert une route, il ne force
personne à s'en servir. (Il le ferait sans doute si
l'usage de la route était taxé.) Mais quand la
poste royale existe, nul n'a plus la faculté d'écrire
par une autre voie, fût-ce à sa mère.

» Donc, en principe, la taxe des lettres devrait
être *rémunératoire*, et par ce motif, *uniforme*.

» Que si l'on part de cette idée, comment ne pas
être émerveillé de la facilité, de la beauté, de la
simplicité de la réfo me ?

» La voici tout entière, et sauf rédaction, formulée en projet de loi.

« ART. 1er. A partir du 1er janvier 1847, il sera exposé en
» vente, partout où l'administration le jugera utile, des *en*
» *veloppes et des bandes timbrées* au prix de cinq (ou dix)
» centimes.

» 2. Toute lettre mise dans une de ces enveloppes et ne
» dépassant pas le poids de 15 grammes, tout *journal* ou
» *imprimé* mis sous une de ces bandes et ne dépassant pas
» .... grammes, sera porté et remis, sans frais, à son adres
» se.

» 3. La comptabilité de la poste est entièrement suppri
» mée.

» 4. Toute criminalité et pénalité en matière de ports de
» lettres sont abolies.»

» Cela est bien simple, je l'avoue, beaucoup trop simple, et je m'attends à une nuée d'objections.

» Mais, à supposer que ce système ait des inconvénients, ce n'est pas la question, il s'agit de savoir si le vôtre n'en a pas de plus grands encore.

» Et de bonne foi, peut-il, sous quelque aspect que ce soit (sauf le revenu), supporter un instant la comparaison ?

» Examinez-les tous les deux ; comparez-les sous les rapports de la facilité, de la commodité, de la célérité, de la simplicité, de l'ordre, de l'économie, de la justice, de l'égalité, de la multiplication des affaires, de la satisfaction des sentiments, du développement intellectuel et moral, de la puissance civilisatrice, et dites, la main sur la conscience, s'il est possible d'hésiter un moment.

» Je me garderai bien de développer chacune de ces considérations. Je vous donne les *en-tête* de douze chapitres et laisse le reste en blanc, persuadé que personne n'est mieux en état que vous de les remplir.

» Mais, puisqu'il n'y a qu'une seule objection , *le revenu*, il faut bien que j'en dise un mot.

» Vous avez fait un tableau duquel il résulte que la taxe unique, même à 20 centimes, constituerait le Trésor en perte de 22 millions.

» A dix centimes , la perte serait de 28 millions, et à 5 centimes, de 33 millions, hypothèses si effrayantes que vous ne les formulez même pas.

» Mais permettez-moi de vous dire que les chiffres, dans votre rapport, dansent avec un peu trop de laisser aller. Dans tous vos tableaux, dans tous vos calculs, vous sous-entendez ces mots : *Toutes choses égales d'ailleurs.* Vous supposez les mêmes frais avec une administration simple qu'avec une administration compliquée ; le même nombre de lettres avec la taxe moyenne de 43 qu'avec la taxe unique à 20 cent. Vous vous bornez à cette règle de trois · 87 millions de lettres à ?42 cent. 1?2 ont donné tant. Donc , à 20 cent. elles donneraient tant : admettant néanmoins quelques distinctions quand elles sont contraires à la réforme.

» Pour évaluer le sacrifice réel du Trésor, il faudrait savoir d'abord ce qu'on économiserait sur le service ; ensuite, dans quelle proportion s'augmenterait l'activité de la correspondance. Ne tenons compte que de cette dernière donnée, parce que nous pouvons supposer que l'épargne réalisée sur les frais se réduirait à ceci, que le personnel actuel ferait face à un service plus développé.

» Sans doute il n'est pas possible de fixer le chiffre de l'accroissement dans la circulation des lettres; mais, en ces matières, une analogie raisonnable a toujours été admise.

» Vous dites vous-même qu'en Angleterre une réduction de 7/8 dans la taxe a amené une augmentation de 360 pour cent dans la correspondance.

» Chez nous, l'abaissement à 5 cent. de la taxe qui est actuellement, en moyenne, de 43 cent., constituerait aussi une réduction de 7/8. Il est donc permis d'attendre le même résultat, c'est-à-dire 417 millions de lettres, au lieu de 116 millions.

» Mais calculons sur 300 millions.

» Y a-t-il exagération à admettre qu'avec une taxe de moitié moindre, nous arriverons à 8 lettres par habitant, quand les Anglais sont parvenus à 13 ?

» Or, 300 millions de lettres à 5 c. donnent....... 15 mil.
   » 100 millions de journaux et imprimés à 5 c.   5
» Voyageurs par les malles-postes.............. 4
» Articles d'argent............................. 4
          » Total des recettes.......... 28 mil.
» La dépense actuelle (qui pourra diminuer)
» est de............................... 31 mil.
» A déduire celle des paquebots........ 5

» Reste sur les dépêches, voyageurs et articles

» d'argent... 26 mil.

» Produit net.. 2
» Aujourd'hui le produit net est de............. 19

» *Perte* ou plutôt *réduction de gain*............ 17 mil.

» Maintenant je demande si l'État, qui fait un *sacrifice positif* de 800 millions par an pour faciliter la circulation *gratuite* des personnes, ne doit pas faire un *sacrifice négatif* de 17 millions pour *ne pas gagner* sur la circulation des idées?

» Mais enfin, le fisc, je le sais, a ses habitudes; et autant il contracte avec facilité celle de voir grossir les recettes, autant il s'accoutume malaisément à les voir diminuer d'une obole. Il semble qu'il soit pourvu de ces valvules admirables qui, dans notre organisation, laissent le sang affluer dans une direction, mais l'empêchent de rétrograder. Soit. Le fisc est un peu vieux pour que nous puissions changer ses allures. N'espérons donc pas le décider à se dessaisir. Mais que dirait-il, si moi, Jacques Bonhomme, je lui indiquais un moyen simple, facile, commode, essentiellement pratique, de faire un grand bien au pays, sans qu'il lui en coûtât un centime?

« La poste donne brut au Trésor................. 50 mil.
» Le 1.. 70
» La douane.. 160

» Total pour ces trois services........ 280 mil.

» Eh bien! mettez la taxe des lettres au taux uniforme de 5 cent.

» Abaissez la taxe du sel à 10 fr. le quintal, comme la Chambre l'a voté.

» Donnez-moi la faculté de modifier le tarif des douanes, en ce sens qu'IL ME SERA FORMELLEMENT INTERDIT D'ÉLEVER AUCUN DROIT, MAIS QU'IL ME SERA LOISIBLE DE LES ABAISSER A MON GRÉ.

» Et moi, Jacques Bonhomme, je vous garantis, non pas 280, mais 300 millions. Deux cents banquiers de France seront mes cautions. Je ne demande pour ma prime que ce que ces trois impôts produiront en sus des 300 millions.

» Maintenant ai-je besoin d'énumérer les avantages de ma proposition ?

» 1° Le peuple recueillera tout le bénéfice du *bon marché* dans le prix d'un objet de première nécessité, le sel.

» 2° Les pères pourront écrire à leurs fils, les mères à leurs filles. Les affections, les sentiments, les épanchements de l'amour et de l'amitié ne seront pas, comme aujourd'hui, refoulés par la main du fisc au fond des cœurs.

» 3° Porter une lettre d'un ami à un ami ne pas inscrit sur nos codes comme une action criminelle.

» 4° Le commerce refleurira avec la liberté; notre marine marchande se relèvera de son humiliation.

» 5° Le fisc gagnera d'abord *vingt millions ;* ensuite, tout ce que fera affluer vers les autres branches de contributions l'épargne réalisée par chaque citoyen sur le sel , les lettres et sur les objets dont les droits auront été abaissés.

» Si ma proposition n'est pas acceptée, que devrai-je en conclure? Pourvu que la compagnie de banquiers que je présente offre des garanties suffisantes , sous quel prétexte pourrait-on rejeter mon offre ? Il n'est pas possible d'invoquer l'*équilibre des budgets.* Il sera bien rompu, mais rompu de manière à ce que les recettes excèdent les dépenses. Il ne s'agit pas ici d'une théorie , d'un système, d'une statistique , d'une probabilité, d'une conjecture, c'est une offre, une offre comme celle d'une compagnie qui demande la concession d'un chemin de fer. Le fisc me dit ce qu'il retire de la poste , du sel et de la douane. J'offre de lui donner *plus.* L'objection ne peut donc pas venir de lui. J'offre de diminuer le tarif du sel , de la poste et de la douane ; je m'engage à ne pas l'élever ; l'objection ne peut donc pas venir des contribuables. — De qui viendrait-elle donc? — Des monopoleurs ? — Reste à savoir si leur voix doit étouffer en France celle de l'État et celle du peuple. Pour nous en assurer, je vous prie de transmettre ma proposition au conseil des ministres.

» JACQUES BONHOMME. »

« *P. S.* Voici le texte de mon offre :

» Moi , Jacques Bonhomme, représentant une

compagnie de banquiers et capitalistes, prête à donner, toutes garanties et à déposer tous cautionnements qui seront nécessaires ;

» Ayant appris que l'État ne tire que 280 millions de la douane, de la poste et du sel, au moyen des droits tels qu'ils sont actuellement fixés ;

» J'offre de lui donner 300 millions du produit brut de ces trois services ;

» Même alors qu'il réduirait la taxe du sel de 30 francs à 10 francs ;

» Même alors qu'il réduirait la taxe des lettres de 42 1/2 cent. en moyenne à une taxe unique et uniforme de 5 à 10 centimes ;

» A la seule condition qu'il me sera permis non point d'*élever* (ce qui me sera formellement interdit), mais d'*abaisser*, autant que je le voudrai, les droits de douane. Jacques Bonhomme. »

Mais vous êtes fou, dis-je à Jacques Bonhomme, vous n'avez jamais rien su prendre avec modération. L'autre jour vous vous récriiez contre l'*ouragan des réformes* et voilà que vous en réclamez trois, faisant de l'une la condition des deux autres. Vous vous ruinerez. — Soyez tranquille, me dit-il, j'ai fait tous mes calculs. Plaise à Dieu qu'ils acceptent ! Mais ils n'accepteront pas. — Là-dessus, nous nous quittâmes la tête pleine, lui de chiffres, moi de réflexions, que j'épargne au lecteur.

XIII. -- La Protection ou les Trois Échevins.

Démonstration en quatre tableaux.

PREMIER TABLEAU.

(La scène se passe dans l'hôtel de l'Échevin Pierre. La fenêtre donne sur un beau parc ; trois personnages sont attablés près d'un bon feu.)

PIERRE. Ma foi ! vive le feu quand Gaster est satisfait. Il faut convenir que c'est une douce chose. Mais hélas ! que de braves gens, comme le Roi d'Yvetot,

> Soufflent, faute de bois,
> Dans leurs doigts.

Malheureuses créatures ! le Ciel m'inspire une pensée charitable. Vous voyez ces beaux arbres, je les veux abattre et distribuer le bois aux pauvres.

PAUL et JEAN. Quoi ! gratis ?

PIERRE. Pas précisément. C'en serait bientôt fait de mes bonnes œuvres, si je dissipais ainsi mon bien. J'estime que mon parc vaut vingt mille livres ; en l'abattant, j'en tirerai bien davantage.

PAUL. Erreur. Votre bois sur pied a plus de valeur que celui des forêts voisines, car il rend des services que celui-ci ne peut pas rendre. Abattu, il ne sera bon, comme l'autre, qu'au chauffage, et ne vaudra pas un denier de plus la voie.

PIERRE. Oh! oh! Monsieur le théoricien, vous oubliez que je suis, moi, un homme de pratique. Je croyais ma réputation de spéculateur assez bien établie, pour me mettre à l'abri d'êre taxé de niaiserie. Pensez-vous que je vais m'amuser à vendre mon bois au prix du bois flotté?

PAUL. Il le faudra bien.

PIERRE. Innocent! Et si j'empêche le bois flotté d'arriver à Paris?

PAUL. Ceci changerait la question. Mais comment vous y prendrez-vous?

PIERRE. Voici tout le secret. Vous savez que le bois flotté paie à l'entrée dix sous la voie. Demain je décide les Echevins à porter le droit à 100, 200, 300 livres, enfin, assez haut pour qu'il n'en entre pas de quoi faire une bûche. — Eh! saisissez-vous? — Si le bon peuple ne veut pas crever de froid, il faudra bien qu'il vienne à mon chantier. On se battra pour avoir mon bois, je le vendrai au poids de l'or, et cette charité bien ordonnée, me mettra à même d'en faire d'autres.

PAUL. Morbleu! la belle invention! elle m'en suggère une autre de même force.

JEAN. Voyons, qu'est-ce? La philanthropie est-elle aussi en jeu?

PAUL. Comment avez-vous trouvé ce beurre de Normandie?

JEAN. Excellent.

PAUL. Eh! eh! il me paraissait passable tout à l'heure. Mais ne trouvez-vous pas qu'il prend à la gorge? J'en veux faire de meilleur à Paris. J'aurai quatre ou cinq cents vaches ; je ferai au pauvre peuple une distribution de lait, de beurre et de fromage.

PIERRE ET PAUL. Quoi! charitablement?

PAUL. Bah! mettons toujours la charité en avant. C'est une si belle figure que son masque même est un excellent passe-port. Je donnerai mon beurre au peuple, le peuple me donnera son argent. Est-ce que cela s'appelle vendre ?

JEAN. Non, selon le bourgeois gentilhomme ; mais appelez-le comme il vous plaira, vous vous ruinerez. Est-ce que Paris peut lutter avec la Normandie pour l'élève des vaches?

PAUL. J'aurai pour moi l'économie du transport.

JEAN. Soit. Mais encore en payant le transport les Normands sont à même de *battre* les Parisiens.

PAUL. Appelez-vous *battre* quelqu'un, lui livrer les choses à bas prix ?

JEAN. C'est le mot consacré. Toujours est-il que vous serez battu, vous.

PAUL. Oui, comme Don Quichotte. Les coups retomberont sur Sancho. Jean, mon ami, vous oubliez l'*octroi*.

JEAN. L'octroi! qu'a-t-il à démêler avec votre beurre?

PAUL. Dès demain, je réclame *protection*; je dé-

cide la commune à prohiber le beurre de Normandie et de Bretagne. Il faudra bien que le peuple
s'en passe, ou qu'il achète le mien, et à mon prix
encore.

JEAN. Par là sembleu, Messieurs, votre philanthropie m'entraîne.

On apprend à hurler, dit l'autre, avec les loups,

Mon parti est pris. Il ne sera pas dit que je suis
Echevin indigne. Pierre, ce feu pétillant a enflam-
mé votre âme ; Paul, ce beurre a donné du jeu aux
ressorts de votre esprit ; eh bien ! je sens aussi que
cette pièce de salaison stimule mon intelligence.
Demain, je vote et fais voter l'exclusion des porcs,
morts ou vifs ; cela fait, je construis de superbes
loges en plein Paris,

Pour l'animal immonde aux Hébreux défendu.

Je me fais porcher et charcutier. Voyons comment le bon peuple lutécien évitera de venir s'approvisionner à ma boutique.

PIERRE. Eh, Messieurs, doucement, si vous ren-
chérissez ainsi le beurre et le salé, vous rognez
d'avance le profit que j'attendais de mon bois.

PAUL. Dame ! ma spéculation n'est plus aussi
merveilleuse, si vous me rançonnez avec vos bû-
ches et vos jambons.

JEAN. Et moi, que gagnerai-je à vous faire surpayer mes saucisses, si vous me faites surpayer les
tartines et les falourdes ?

PIERRE. Eh bien ! voilà-t-il pas que nous allons

nous quereller? Unissons-nous plutôt. Faisons-nous des concessions réciproques. D'ailleurs, il n'est pas bon de n'écouter que le vil intérêt; l'humanité est là, ne faut-il pas assurer le chauffage du peuple?

PAUL. C'est juste. Et il faut que le peuple ait du beurre à étendre sur son pain.

JEAN. Sans doute. Et il faut qu'il puisse mettre du lard dans son pot au feu.

ENSEMBLE. En avant la charité! vive la philanthropie! à demain! à demain! nous prenons l'octroi d'assaut.

PIERRE. Ah! j'oubliais. Encore un mot : c'est essentiel. Mes amis, dans ce siècle d'égoïsme, le monde est méfiant; et les intentions les plus pures sont souvent mal interprétées. Paul, plaidez pour le bois ; Jean, défendez le beurre, et moi je me voue au cochon *local*. Il est bon de prévenir les soupçons malveillants.

PAUL et JEAN (*en sortant*). Par ma foi! voilà un habile homme !

SECOND TABLEAU.

Conseil des Échevins.

PAUL. Mes chers collègues, il entre tous les jours des masses de bois à Paris, ce qui en fait sortir des masses de numéraire. De ce train, nous sommes tous ruinés en trois ans, et que deviendra le pauvre peuple? (*bravo!*) Prohibons le bois étranger. — Ce n'est pas pour moi que je parle, car de tout le bois que je possède, on ne ferait pas un cure-dents. Je suis donc parfaitement désintéressé dans la question. (*Bien, bien!*) Mais voici Pierre qui a un parc, il assurera le chauffage à nos concitoyens, qui ne seront plus sous la dépendance des charbon-niers de l'Yonne. Avez-vous jamais songé au dan-ger que nous courons de mourir de froid, s'il prenait fantaisie aux propriétaires des forêts étran-gères de ne plus porter du bois à Paris? Prohibons donc le bois. Par là nous préviendrons l'épuisement de notre numéraire, nous créerons l'industrie bû-cheronne, et nous ouvrirons à nos ouvriers une nouvelle source de travail et de salaires (*applau-dissements.*)

JEAN. J'appuie la proposition si philanthro-pique, et surtout si désinteressée, ainsi qu'il le di-sait lui-même, de l'honorable préopinant. Il est temps que nous arrêtions cet insolent *laisser pas-ser*, qui a amené sur notre marché une concur-rence effrénée, en sorte qu'il n'est pas une province un peu bien située, pour quelque production que ce soit, qui ne vienne nous en *inonder*, nous la vendre à vil prix, et détruire le travail parisien. C'est à l'État à niveler les conditions de production par des droits sagement pondérés, à ne laisser en-trer du dehors que ce qui y est plus cher qu'à Paris, et à nous soustraire ainsi à une lutte inégale. Comment, par exemple, veut-on que nous puis-sions faire du lait et du beurre à Paris, en présence de la Bretagne et de la Normandie? Songez donc, Messieurs. que les Bretons ont la terre meilleur marché, le foin plus à portée, la main-d'œuvre à des conditions plus avantageuses. Le bon sens ne dit-il pas qu'il faut égaliser les chances par un tarif d'octroi protecteur? Je demande que le droit sur le lait et le beurre soit porté à 1,000 p. 0|0, et plus s'il le faut. Le déjeuner du peuple en sera un peu plus cher, mais aussi comme ses salaires vont hausser! nous verrons s'élever des étables, des laiteries, se multiplier des barates, et se fonder de nouvelles industries. — Ce n'est pas que j'aie le moindre intérêt à ma proposition. Je ne suis pas vacher, ni ne veux l'être. Je suis mu par le seul désir d'être utile aux classes laborieuses (*mouvement d'adhésion*).

PIERRE. Je suis heureux de voir dans cette assemblée des hommes d'Etat aussi purs, aussi éclairés, aussi dévoués aux intérêts du peuple (*bravo*). J'admire leur abnégation, et je ne saurais mieux faire que d'imiter un si noble exemple. J'appuie leur motion, et j'y ajoute celle de prohiber les porcs du Poitou. Ce n'est pas que je veuille me faire porcher ni charcutier; en ce cas, ma conscience me ferait un devoir de m'abstenir. Mais n'est-il pas honteux, Messieurs, que nous soyons *tributaires* de ces paysans Poitevins, qui ont l'audace de venir jusque sur notre propre marché, s'emparer d'un travail que nous pourrions faire nous-mêmes? qui, après nous avoir inondés de saucisses et de jambons, ne nous prennent peut-être rien en retour ? En tous cas, qui nous dit que la balance du commerce n'est pas en leur faveur et que nous ne sommes pas obligés de leur payer une solde en argent ? N'est-il pas clair que si l'industrie poitevine s'implantait à Paris, elle ouvrirait des débouchés assurés au travail parisien ? — Et puis, Messieurs, n'est-il pas fort possible, comme le disait si bien M. Lestiboudois, que nous achetions le salé poitevin, non pas avec nos revenus, mais avec nos capitaux ? Où cela nous mènerait-il ? Ne souffrons donc pas que des rivaux avides, cupides, perfides, viennent vendre ici les choses à bon marché, et nous mettre dans l'impossibilité de les faire nous-mêmes. Echevins, Paris nous a donné sa confiance, c'est à nous de la justifier. Le peuple est sans ouvrage, c'est à nous de lui en créer, et si le salé lui coûte un peu plus cher, nous aurons du moins la conscience d'avoir sacrifié nos intérêts à ceux des masses, comme tout bon échevin doit faire (*tonnerres d'applaudissements*).

UNE VOIX. J'entends qu'on parle beaucoup du pauvre peuple, mais sous prétexte de lui donner du travail, on commence par lui enlever ce qui vaut mieux que le travail même, le bois, le beurre et la soupe.

PIERRE, PAUL et JEAN. Aux voix ! aux voix ! à bas les utopistes, les théoriciens, les généralisateurs. Aux voix ! aux voix ! (*Les trois propositions sont admises.*)

TROISIÈME TABLEAU.

Vingt ans après.

JACQUES BONHOMME, ET SON FILS.

LE FILS. Père, décidez-vous, il faut quitter Paris. On n'y peut plus vivre. L'ouvrage manque et tout y est cher.

LE PÈRE. Mon enfant, tu ne sais pas ce qu'il en coûte d'abandonner le lieu qui nous a vu naître.

LE FILS. Le pire de tout est d'y périr de misère.

LE PÈRE. Va, mon fils, cherche une terre plus hospitalière. Pour moi je ne m'éloignerai pas de cette fosse où sont descendus ta mère, tes frères et tes sœurs. Il me tarde d'y trouver enfin auprès d'eux le repos qui m'a été refusé dans cette ville de désolation.

LE FILS. Du courage, bon père, nous trouverons du travail à l'étranger, en Poitou, en Normandie, en Bretagne. On dit que toute l'industrie de Paris se transporte peu à peu dans ces lointaines contrées.

LE PÈRE. C'est bien naturel. Ne pouvant plus nous vendre du bois et des aliments, elles ont cessé d'en produire au delà de leurs besoins ; ce qu'elles ont de temps et de capitaux disponibles, elles le consacrent à faire elles-mêmes ce que nous leur fournissions autrefois.

LE FILS. De même qu'à Paris on cesse de faire

de beaux meubles et de beaux vêtements, pour planter des arbres, élever des porcs et des vaches. Quoique bien jeune, j'ai vu de vastes magasins, de somptueux quartiers, des quais animés sur ces bords de la Seine, envahis maintenant par des prés et des taillis.

Le Père. Pendant que la province se couvre de villes, Paris se fait campagne. Quelle affreuse révolution. Et il a suffi de trois Échevins égarés, aidés de l'ignorance publique, pour attirer sur nous cette terrible calamité.

Le Fils. Contez-moi cette histoire, mon père.

Le Père. Elle est bien simple. Sous prétexte d'implanter à Paris trois industries nouvelles et de donner ainsi de l'aliment au travail des ouvriers, ces hommes firent prohiber le bois, le beurre et la viande. Ils s'arrogèrent le droit d'en approvisionner leurs concitoyens. Ces objets s'élevèrent d'abord à un prix exorbitant. Personne ne gagnait assez pour s'en procurer, et le petit nombre de ceux qui pouvaient en obtenir, y mettant tous leurs profits, étaient hors d'état d'acheter autre chose ; toutes les industries par cette cause s'arrêtèrent à la fois, d'autant plus vite que les provinces n'offraient non plus aucuns débouchés. La misère, la mort, l'émigration commencèrent à dépeupler Paris.

Le Fils. Et quand cela s'arrêtera-t-il ?

Le Père. Quand Paris sera devenu une forêt et une prairie.

Le Fils: Les trois Échevins doivent avoir fait une grande fortune?

Le Père. D'abord, ils réalisèrent d'énormes profits; mais à la longue ils ont été enveloppés dans la misère commune.

Le Fils. Comment cela est-il possible?

Le Père. Tu vois cette ruine, c'était un magnifique hôtel entouré d'un beau parc. Si Paris eût continué à progresser, maître Pierre en tirerait plus de rentes qu'il ne vaut aujourd'hui en capital.

Le Fils. Comment cela se peut-il puisqu'il s'est débarrassé de la concurrence?

Le Père. La concurrence pour vendre a disparu, mais la concurrence pour acheter disparaît aussi tous les jours et continuera de disparaître jusqu'à ce que Paris soit rase campagne et que le taillis de maître Pierre n'ait pas plus de valeur qu'une égale superficie de taillis dans la forêt de Bondy. C'est ainsi que le monopole, comme toute injustice, porte en lui-même son propre châtiment.

Le Fils. Cela ne me semble pas bien clair, mais ce qui est incontestable c'est la décadence de Paris. N'y a-t-il donc aucun moyen de renverser cette mesure inique que Pierre et ses collègues firent adopter il y a vingt ans?

Le Père. Je vais te confier mon secret. Je reste à Paris pour cela; j'appellerai le peuple à mon aide. Il dépend de lui de replacer l'octroi sur ses anciennes bases, de le dégager de ce funeste principe qui s'y est enté dessus et y a végété comme un fungus parasite.

Le Fils. Vous devez réussir dès le premier jour.

Le Père. Oh ! l'œuvre est au contraire difficile et laborieuse. Pierre, Paul et Jean s'entendent à merveille. Ils sont prêts à tout plutôt que de laisser entrer le bois, le beurre et la viande à Paris. Ils ont pour eux le peuple même qui voit clairement le travail que lui donnent les trois industries protégées, qui sait à combien de bûcherons et de vachers elles donnent de l'emploi, mais qui ne peut avoir une idée aussi précise du travail qui se développerait au grand air de la liberté.

Le Fils. Si ce n'est que cela, vous l'éclairerez.

Le Père. Enfant, à ton âge on ne doute de rien. Si j'écris, le peuple ne lira pas; car, pour soutenir sa malheureuse existence, il n'a pas trop de toutes ses heures. Si je parle, les Échevins me fermeront la bouche. Le peuple restera donc longtemps dans son funeste égarement; les partis politiques qui fondent leurs espérances sur ses passions s'occuperont moins de dissiper ses préjugés que de les exploiter. J'aurai donc à la fois sur les bras les puissants du jour, le peuple et les partis. Oh ! je vois un orage effroyable prêt à fondre sur la tête de l'audacieux qui osera s'élever contre une iniquité si enracinée dans le pays.

Le Fils. Vous aurez pour vous la justice et la vérité.

Le Père. Et ils auront pour eux la force et la calomnie. Encore, si j'étais jeune! mais l'âge et la souffrance ont épuisé mes forces.

Le Fils. Eh bien, père, ce qui vous en reste, consacrez-le au service de la patrie. Commencez cette œuvre d'affranchissement et laissez-moi pour héritage le soin de l'achever.

QUATRIÈME TABLEAU.

L'agitation.

Jacques Bonhomme. Parisiens, demandons la réforme de *l'octroi* ; qu'il soit rendu à sa première destination. Que tout citoyen soit libre d'acheter du bois, du beurre et de la viande où bon lui semble.

Le peuple. Vive, vive la liberté !

Pierre Parisiens, ne vous laissez pas séduire à ce mot. Que vous importe la liberté d'acheter si vous n'en avez pas les moyens? et comment en aurez-vous les moyens si l'ouvrage vous manque? Paris peut-il produire du bois à aussi bon marché que la forêt de Bondy? de la viande à aussi bas prix que le Poitou? du beurre à d'aussi bonnes conditions que la Normandie? si vous ouvrez la porte à deux battants à ces produits rivaux, que deviendront les vachers, les bûcherons et les charcutiers? Ils ne peuvent se passer de protection.

Le peuple. Vive, vive la protection !

Jacques. La protection ! mais vous protége-tou, vous, ouvriers? ne vous faites-vous pas concurrence les uns aux autres? que les marchands de bois souffrent donc la concurrence à leur tour. Ils n'ont pas le droit d'élever par la loi le prix de leur bois, à moins qu'ils n'élèvent aussi, par la loi, le taux des salaires. N'êtes-vous plus ce peuple amant de l'égalité?

LE PEUPLE. Vive, vive l'ÉGALITÉ !

PIERRE. N'écoutez pas ce factieux, nous avons élevé le prix du bois, de la viande et du beurre, c'est vrai; mais c'est pour pouvoir donner de bons salaires aux ouvriers. Nous sommes mus par la charité.

LE PEUPLE. Vive, vive la CHARITÉ !

JACQUES. Faites servir l'octroi, si vous pouvez, à hausser les salaires, ou ne le faites pas servir à renchérir les produits. Les Parisiens ne demandent pas la charité, mais la justice.

LE PEUPLE. Vive, vive la JUSTICE !

PIERRE. C'est précisément la cherté des produits qui amenera par ricochet la cherté des salaires.

Le PEUPLE. Vive, vive la CHERTÉ!

JACQUES. Si le beurre est cher, ce n'est pas parce que vous payez chèrement les ouvriers; ce n'est pas même que vous fassiez de grands profits, c'est uniquement parce que Paris est mal placé pour cette industrie, parce que vous avez voulu qu'on fît à la ville ce qu'on doit faire à la campagne, et à la campagne ce qui se faisait à la ville. Le peuple

n'a pas plus de travail, seulement il travaille à
autre chose. Il n'a pas plus de salaires, seulement
il n'achète plus les choses à aussi bon marché.

Le peuple. Vive, vive le bon marché !

Pierre. Cet homme vous séduit par ses belles
phrases. Posons la question dans toute sa simplicité. N'est-il pas vrai que si nous admettons le
beurre, le bois, la viande, nous en serons inondés?
nous périrons de pléthore. Il n'y a donc d'autre
moyen, pour nous préserver de cette invasion de
nouvelle espèce, que de lui fermer la porte, et
pour maintenir le prix des choses que d'en occa-
sionner artificiellement la rareté.

Quelques voix fort rares. Vive, vive la rareté !

Jacques. Posons la question dans toute sa vérité. Entre tous les Parisiens, on ne peut partager
que ce qu'il y a dans Paris; s'il y a moins de bois,
de viande, de beurre, la part de chacun sera plus
petite. Or il y en aura moins si nous les repous-
sons, que si nous les laissons entrer. Parisiens, il
il ne peut y avoir abondance pour chacun, qu'autant qu'il y a abondance générale.

Le peuple. Vive, vive l'abondance !

Pierre. Cet homme a beau dire, il ne vous prou-
vera pas que vous soyez intéressés à subir une
concurrence effrénée.

Le peuple. A bas, à bas la concurrence !

Jacques. Cet homme a beau déclamer, il ne
vous fera pas goûter les douceurs de la restriction.

Le peuple. A bas, à bas la restriction !

Pierre. Et moi je déclare que si l'on prive les pauvres vachers et porchers de leur gagne-pain, si on les sacrifie à des théories, je ne réponds plus de l'ordre public. Ouvriers, méfiez-vous de cet homme. C'est un agent de la perfide Normandie, il va chercher ses inspirations à l'étranger. C'est un traître, il faut le pendre.

Le peuple garde le silence.

Jacques. Parisiens, tout ce que je dis aujourd'hui, je le disais il y a vingt ans lorsque Pierre s'avisa d'exploiter l'octroi à son profit et à votre préjudice. Je ne suis donc pas un agent des Normands. Pendez-moi si vous voulez, mais cela n'empêchera pas l'oppression d'être oppression. Amis, ce n'est ni Jacques ni Pierre qu'il faut tuer, mais la liberté si elle vous fait peur, ou la restriction si elle vous fait mal.

Le peuple. Ne pendons personne et affranchissons tout le monde.

XIV. — Autre chose.

— Qu'est-ce que la restriction ?

— C'est une prohibition partielle.

— Qu'est-ce que la prohibition?

— C'est une restriction absolue.

— En sorte que ce que l'on dit de l'une est vrai de l'autre ?

— Oui , sauf le degré. Il y a entre elles le même rapport qu'entre l'arc de cercle et le cercle.

— Donc , si la prohibition est mauvaise, la restriction ne saurait être bonne ?

— Pas plus que l'arc ne peut être droit si le cercle est courbe.

— Quel est le nom commun à la restriction et à la prohibition ?

— Protection.

— Quel est l'effet définitif de la protection ?

— D'exiger des hommes *un plus grand travail pour un même résultat.*

— Pourquoi les hommes sont-ils si attachés au régime protecteur ?

— Parce que la liberté devant amener un même résultat *pour un moindre travail* , cette diminution apparente de travail les effraie.

— Pourquoi dites-vous *apparente?*

— Parce que tout travail épargné peut être consacré *à autre chose.*

— A quelle autre chose ?

— C'est ce qui ne peut être précisé et n'a pas besoin de l'être.

— Pourquoi?

— Parce que, si la somme des satisfactions de la France actuelle pouvait être acquise avec une diminution d'un dixième sur la somme de son travail, nul ne peut préciser quelles satisfactions nouvelles elle voudrait se procurer avec le travail resté disponible. L'un voudrait être mieux vêtu, l'autre mieux nourri, celui-ci mieux instruit, celui-là plus amusé.

— Expliquez-moi le mécanisme et les effets de la protection.

— La chose n'est pas aisée. Avant d'aborder le cas compliqué, il faudrait l'étudier dans le cas le plus simple.

— Prenez le cas le plus simple que vous voudrez.

— Vous rappelez-vous comment s'y prit Robinson, n'ayant pas de scie, pour faire une planche ?

— Oui. Il abattit un arbre, et puis avec sa hache taillant la tige à droite et à gauche, il la réduisit à l'épaisseur d'un madrier.

— Et cela lui donna bien du travail ?

— Quinze jours pleins.

— Et pendant ce temps de quoi vécut-il ?

— De ses provisions.

— Et qu'advint-il à la hache ?

— Elle en fut tout émoussée.

— Fort bien. Mais vous ne savez peut-être pas ceci : au moment de donner le premier coup de hache, Robinson aperçut une planche jetée par le flot sur le rivage.

— Oh! l'heureux à-propos ! il courut la ramasser ?

— Ce fut son premier mouvement; mais il s'arrêta, raisonnant ainsi :

« Si je vais chercher cette planche, il ne m'en coûtera que la fatigue de la porter, le temps de descendre et remonter la falaise.

» Mais si je fais une planche avec ma hache, d'abord je me procurerai du travail pour quinze jours, ensuite j'userai ma hache, ce qui me fournira l'occasion de la réparer, et je dévorerai mes provisions, troisième source de travail, puisqu'il faudra les remplacer. Or, *le travail c'est la richesse*. Il est clair que je me ruinerais en allant ramasser la planche naufragée. Il m'importe de protéger mon *travail personnel*, et même, à présent que j'y songe, je puis me créer un travail additionnel, en allant repousser du pied cette planche dans la mer ! »

— Mais ce raisonnement était absurde.

— Soit. Ce n'en est pas moins celui que fait toute nation qui *se protége* par la prohibition.

Elle repousse la planche qui lui est offerte en échange d'un petit travail, afin de se donner un travail plus grand. Il n'y a pas jusqu'au travail du douanier dans lequel elle ne voie un gain. Il est représenté par la peine que se donna Robinson pour aller rendre aux flots le présent qu'ils voulaient lui faire. Considérez la nation comme un être collectif, et vous ne trouverez pas entre son raisonnement et celui de Robinson un atome de différence.

— Robinson ne voyait-il pas que le temps épargné il le pouvait consacrer à faire *autre chose?*

— Quelle *autre chose?*

— Tant qu'on a devant soi des besoins et du temps, on a toujours *quelque chose* à faire. Je ne suis pas tenu de préciser le travail qu'il pouvait entreprendre.

— Je précise bien celui qui lui aurait échappé.

— Et moi je soutiens que Robinson, par un aveuglement incroyable, confondait le travail avec son résultat, le but avec les moyens et je vais vous le prouver....

— Je vous en dispense. Toujours est-il que voilà le système restrictif ou prohibitif dans sa plus simple expression. S'il vous paraît absurde sous cette forme, c'est que les deux qualités de producteur et de consommateur se confondent ici dans le même individu.

— Passez donc à un exemple plus compliqué.

— Volontiers. — A quelque temps de là, Robinson ayant rencontré Vendredi, ils se lièrent et se mirent à travailler en commun. Le matin, ils chassaient pendant six heures, et rapportaient quatre paniers de gibier. Le soir ils jardinaient six heures, et obtenaient quatre paniers de légumes.

Un jour une pirogue aborda l'*Ile du Désespoir*. Un bel étranger en descendit et fut admis à la table de nos deux solitaires. Il goûta et vanta beaucoup les produits du jardin, et avant de prendre congé de ses hôtes, il leur tint ce langage :

« Généreux insulaires, j'habite une terre beaucoup plus giboyeuse que celle-ci, mais où l'horticulture est inconnue. Il me sera facile de vous apporter tous les soirs quatre paniers de gibier, si vous voulez me céder seulement deux paniers de légumes. »

A ces mots, Robinson et Vendredi s'éloignèrent pour tenir conseil, et le débat qu'ils eurent est trop intéressant pour que je ne le rapporte pas ici *in extenso*.

Vendredi. — Ami, que t'en semble ?

Robinson. — Si nous acceptons, nous sommes ruinés.

V. — Est-ce bien sûr ? Calculons.

R. — C'est tout calculé. Ecrasés par la concurrence, la chasse est pour nous une industrie perdue.

V. — Qu'importe, si nous avons le gibier.

R. — Théorie ! Il ne sera pas le produit de notre travail.

V. — Si fait, morbleu, puisque pour l'avoir il faudra donner des légumes !

R. — Alors que gagnerons-nous ?

V. — Les quatre paniers de gibier nous coûtaient six heures de travail. L'étranger nous les donne contre deux paniers de légumes qui ne nous prennent que trois heures. — C'est donc trois heures qui restent à notre disposition.

R. — Dis donc, qui sont soustraites à notre activité. C'est là précisément notre perte. *Le travail c'est la richesse*, et si nous perdons un quart de notre temps, nous serons d'un quart moins riches.

V. — Ami, tu fais une méprise énorme. Même gibier, mêmes légumes, et, par dessus le marché, trois heures disponibles, c'est du progrès, ou il n'y en a pas en ce monde.

R. — Généralité ! Que ferons-nous de ces trois heures ?

V. — Nous ferons *autre chose*.

R. — Ah ! je t'y prends. Tu ne peux rien préciser. *Autre chose, autre chose*, c'est bientôt dit.

V. — Nous pêcherons , nous embellirons notre case, nous lirons la *Bible*.

R. — Utopie ! Est-il bien certain que nous ferons ceci plutôt que cela ?

V. — Eh bien, si les besoins nous font défaut, nous nous reposerons. N'est-ce rien que le repos ?

R. — Mais quand on se repose on meurt de faim.

V. — Ami, tu es dans un cercle vicieux. Je parle d'un repos qui ne retranche rien sur notre gibier ni sur nos légumes. Tu oublies toujours qu'au moyen de notre commerce avec l'étranger, neuf heures de travail nous donneront autant de provisions qu'aujourd'hui douze.

R. — On voit bien que tu n'as pas été élevé en Europe. Tu n'as peut-être jamais lu le *Moniteur industriel*? Il t'aurait appris ceci : « Tout temps épargné est une perte sèche. Ce n'est pas de manger qui importe, c'est de travailler. Tout ce que nous consommons, si ce n'est pas le produit direct de notre travail, ne compte pas. Veux-tu savoir si tu es riche ? Ne regarde pas à tes satisfactions, mais à ta peine. » Voilà ce que le *Moniteur industriel* t'aurait appris. Pour moi, qui ne suis pas un théoricien, je ne vois que la perte de notre chasse.

V.—Quel étrange renversement d'idées! Mais…

R. — Pas de *mais*. D'ailleurs, il y a des raisons politiques pour repousser les offres intéressées du perfide étranger.

V. — Des raisons politiques !

R. — Oui. D'abord, il ne nous fait ces offres que parce qu'elles lui sont avantageuses.

V. — Tant mieux, puisqu'elles nous le sont aussi.

R. — Ensuite, par ces trocs, nous nous mettrons dans sa dépendance.

V. — Et lui dans la nôtre. Nous aurons besoin

de son gibier, lui de nos légumes, et nous vivrons en bonne amitié.

.R. — Système! Veux-tu que je te mette sans parole!

V.—Voyons; j'attends encore une bonne raison.

R. — Je suppose que l'étranger apprenne à cultiver un jardin, et que son île soit plus fertile que la nôtre. Vois-tu la conséquence?

V. — Oui. Nos relations avec l'étranger cesseront. Il ne nous prendra plus de légumes puisqu'il en aura chez lui avec moins de peine. Il ne nous portera plus de gibier, puisque nous n'aurons rien à lui donner en échange, et nous serons justement alors comme tu veux que nous soyons aujourd'hui.

R. — Sauvage imprévoyant! Tu ne vois pas qu'après avoir tué notre chasse en nous inondant de gibier, il tuera notre jardinage en nous inondant de légumes?

V. — Mais ce ne sera jamais qu'autant que nous lui donnerons *autre chose*, c'est-à-dire que nous trouverons *autre chose* à produire avec économie de travail pour nous.

R. — *Autre chose, autre chose!* Tu en viens toujours là. Tu es dans le vague, ami *Vendredi*; il n'y a rien de pratique dans tes vues.

La lutte se prolongea longtemps et laissa chacun, ainsi qu'il arrive souvent, dans sa conviction. Cependant, Robinson ayant sur Vendredi un grand ascendant, son avis prévalut, et quand l'étranger vint chercher la réponse, Robinson lui dit :

« Étranger, pour que votre proposition soit acceptée, il faudrait que nous fussions bien sûrs de deux choses :

» La première, que votre île n'est pas plus giboyeuse que la nôtre ; car nous ne voulons lutter qu'*à armes égales*.

» La seconde, que vous perdrez au marché. Car, comme dans tout échange il y a nécessairement un gagnant et un perdant, nous serions dupes si vous ne l'étiez pas. — Qu'avez-vous à dire ?

— » Rien , dit l'étranger. » Et ayant éclaté de rire, il regagna sa pirogue.

— Le conte ne serait pas mal, si Robinson n'était pas si absurde.

— Il ne l'est pas plus que le comité de la rue Hauteville.

—Oh ! c'est bien différent. Vous supposez tantôt un homme seul , tantôt, ce qui revient au même, deux hommes vivant en communauté. Ce n'est pas là notre monde ; la séparation des occupations, l'intervention des négociants et du numéraire changent bien la question.

—Cela complique en effet les transactions, mais n'en change pas la nature.

— Quoi ! vous voulez comparer le commerce moderne à de simples trocs ?

—Le commerce n'est qu'une multitude de trocs, la nature propre du troc est identique à la nature propre du commerce, comme un petit travail est de même nature qu'un grand, comme la gravitation qui pousse un atome est de même nature que celle qui entraîne un monde.

— Ainsi, selon vous, ces raisonnements si faux dans la bouche de Robinson ne le sont pas moins dans la bouche de nos protectionnistes ?

— Non ; seulement l'erreur s'y cache mieux sous la complication des circonstances.

— Eh bien ! arrivez donc à un exemple pris dans l'ordre actuel des faits.

— Soit ; en France, vu les exigences du climat et des habitudes, le drap est une chose utile. L'essentiel est-il *d'en faire* ou *d'en avoir ?*

—' Belle question ! pour en avoir, il faut en faire.

— Ce n'est pas indispensable. Pour en avoir, il faut que quelqu'un le fasse, voilà qui est certain ; mais il n'est pas d'obligation que ce soit la personne ou le pays qui le consomme qui le produise. Vous n'avez pas fait celui qui vous habille si bien ; la France n'a pas fait le café dont elle déjeune.

— Mais, j'ai acheté mon drap, et la France son café.

— Précisément, et avec quoi ?

— Avec de l'argent.

— Mais vous n'avez pas fait l'argent, ni la France non plus.

— Nous l'avons acheté.

— Avec quoi ?

— Avec nos produits qui sont allés au Pérou.

— C'est donc en réalité votre travail que vous

échangez contre du drap et le travail français qui s'est échangé contre du café.

— Assurément.

— Il n'est donc pas de nécessité rigoureuse de faire ce qu'on consomme?

— Non, si l'on fait *autre chose* que l'on donne en échange.

— En d'autres termes, la France a deux moyens de se procurer une quantité donnée de drap. Le premier, c'est de le faire; le second, c'est de faire *autre chose*, et de troquer *cette autre chose* à l'étranger contre du drap. De ces deux moyens, quel est le meilleur ?

— Je ne sais trop.

— N'est-ce pas celui qui, *pour un travail dé-terminé, donne une plus grande quantité de drap*?

— Il semble bien:

— Et lequel vaut mieux pour une nation, d'avoir le choix entre ces deux moyens ou que la loi lui en interdise un au risque de tomber justement sur le meilleur?

— Il me paraît qu'il vaut mieux pour elle avoir le choix, d'autant qu'en ces matières elle choisit toujours bien.

— La loi qui prohibe le drap étranger décide donc que si la France veut avoir du drap, il faut qu'elle le fasse *en nature*, et qu'il lui est interdit de faire cette *autre chose* avec laquelle elle pourrait acheter du drap étranger ?

— Il est vrai.

— Et comme elle oblige à faire le drap et défend de faire l'*autre chose,* précisément parce que cette autre chose exigerait moins de travail (sans quoi elle n'aurait pas besoin de s'en mêler), elle décrète donc virtuellement que, par un travail déterminé, la France n'aura qu'un mètre de drap en le faisant, quand, pour le même travail, elle en aurait eu deux mètres en faisant l'*autre chose.*

— Mais, pour Dieu ! quelle autre chose !

— Eh ! pour Dieu ! qu'importe ? ayant le choix, elle ne fera *autre chose* qu'autant qu'il y ait quelque *autre chose* à faire.

— C'est possible ; mais, je me préoccupe toujours de l'idée que l'étranger nous envoie du drap et ne nous prenne pas l'*autre chose,* auquel cas nous serions bien attrapés. En tous cas, voici l'objection même à votre point de vue. Vous convenez que la France fera cette *autre chose* à échanger contre du drap, avec moins de travail que si elle eût fait le drap lui-même.

— Sans doute.

— Il y aura donc une certaine quantité de son travail frappée d'inertie.

— Oui, mais sans en être moins bien vêtue, petite circonstance qui fait toute la méprise. Robinson la perdait de vue ; nos protectionnistes ne la voient pas ou la dissimulent. La planche naufragée frappait aussi d'inertie, pour quinze jours, le travail de Robinson, en tant qu'appliqué à faire une planche, mais sans l'en priver. Distinguez donc entre ces deux espèces de diminution de travail, celle qui a pour effet *la privation*, et celle qui a pour cause la *satisfaction*. Ces deux choses sont fort différentes, et si vous les assimilez, vous raisonnez comme Robinson. Dans les cas les plus compliqués, comme dans les plus simples, le sophisme consiste en ceci : *Juger de l'utilité du travail par sa durée et son intensité, et non par ses résultats;* ce qui conduit à cette police économique : *Réduire les résultats du travail dans le but d'en augmenter la durée et l'intensité.*

XV. — Le petit arsenal du Libre-Échangiste.

Si l'on vous dit : Il n'y a point de principes absolus. La prohibition peut être mauvaise et la restriction bonne.

Répondez : La restriction *prohibe* tout ce qu'elle
empêche d'entrer.

—Si l'on vous dit : L'agriculture est la mère
nourricière du pays.

Répondez : Ce qui nourrit le pays, ce n'est précisément pas l'agriculture, mais le *blé*.

—Si l'on vous dit : La base de l'alimentation
du peuple, c'est l'agriculture.

Répondez : La base de l'alimentation du peuple,
c'est le *blé*. Voilà pourquoi une loi qui fait obtenir,
par du travail agricole, *deux* hectolitres de blé,
aux dépens de *quatre* hectolitres qu'aurait obte-
nus, sans elle, un même travail industriel, loin
d'être une loi d'alimentation, est une loi d'inani-
tion.

—Si l'on vous dit : La restriction à l'entrée du
blé étranger induit à plus de culture et par conséquent à plus de production intérieure.

Répondez : Elle induit à semer sur les roches

des montagnes et sur les sables de la mer. Traire une vache, et traire toujours, donne plus de lait ; car qui peut dire le moment où on n'obtiendra plus une goutte ? Mais la goutte coûte cher.

—Si l'on vous dit : Que le pain soit cher, et l'agriculteur devenu riche enrichira l'industriel.

Répondez : Le pain est cher quand il y en a peu, ce qui ne peut faire que des pauvres, ou, si vous voulez, des riches *affamés*.

—Si l'on insiste disant : Quand le pain renchérit, les salaires s'élèvent.

Répondez en montrant, en avril 1847, les cinq sixièmes des ouvriers à l'aumône.

—Si l'on vous dit : Les profits des ouvriers doivent suivre la cherté de la subsistance.

Répondez : Cela revient à dire que, dans un navire sans provisions, tout le monde a autant de biscuit, qu'il y en ait ou qu'il n'y en ait pas.

—Si l'on vous dit : Il faut assurer un bon prix à celui qui vend du blé.

Répondez : Soit ; mais alors il faut assurer un bon salaire à celui qui l'achète.

—Si l'on vous dit : Les propriétaires qui font la loi, ont élevé le prix du pain sans s'occuper des salaires, parce qu'ils savent que, quand le pain renchérit, les salaires haussent *tout naturellement*.

Répondez : Sur ce principe, quand les ouvriers feront la loi, ne les blâmez pas, s'ils fixent un bon taux des salaires, sans s'occuper de protéger le blé, car ils savent que, si les salaires sont élevés, les subsistances renchérissent *tout naturellement*.

—Si l'on vous dit : Que faut-il donc faire ?

Répondez : Être juste envers tout le monde.

—Si l'on vous dit : Il est essentiel qu'un grand pays ait l'industrie du fer.

Répondez : Ce qui est plus essentiel, c'est que ce grand pays *ait du fer*.

—Si l'on vous dit : Il est indispensable qu'un grand pays ait l'industrie du drap.

Répondez : Ce qui est plus indispensable, c'est que, dans ce grand pays, les citoyens *aient du drap*.

—Si l'on vous dit : Le travail c'est la richesse.

Répondez : C'est faux.

Et par voie de développement, ajoutez : Une saignée n'est pas la santé ; et la preuve qu'elle n'est pas la santé, c'est qu'elle a pour but de la rendre.

—Si l'on vous dit : Forcer les hommes à labourer des roches et à tirer une once de fer d'un quintal de minerai, c'est accroître leur travail et par suite leur richesse.

Répondez : Forcer les hommes à creuser des puits en leur interdisant l'eau de la rivière, c'est accroître leur travail *inutile*, mais non leur richesse.

—Si l'on vous dit : Le soleil donne sa chaleur et sa lumière sans rémunération.

Répondez : Tant mieux pour moi ; il ne m'en coûte rien pour voir clair.

—Et si l'on vous réplique : L'industrie, en général, perd ce que vous auriez payé pour l'éclairage.

Ripostez : Non ; car n'ayant rien payé au soleil, ce qu'il m'épargne me sert à payer des habits, des meubles et des bougies.

— De même si l'on vous dit : Ces coquins d'Anglais ont des capitaux *amortis*.

Répondez : Tant mieux pour nous, ils ne nous feront pas payer l'intérêt.

—Si l'on vous dit : Ces perfides Anglais trouvent le fer et la houille au même gîte.

Répondez : Tant mieux pour nous, ils ne nous feront rien payer pour les rapprocher.

—Si l'on vous dit : Les Suisses ont de gras pâturages qui coûtent peu.

Répondez : L'avantage est pour nous, car ils nous demanderont une moindre quantité de notre travail pour fournir des moteurs à notre agriculture et des aliments à nos estomacs.

— Si l'on vous dit : Les terres de Crimée n'ont pas de valeur et ne paient pas de taxes.

Répondez : Le profit est pour nous qui achetons du blé exempt de ces charges.

— Si l'on vous dit : Les serfs de Pologne travaillent sans salaires.

Répondez : Le malheur est pour eux et le profit pour nous, puisque leur travail est déduit du prix du blé que leurs maîtres nous vendent.

—Enfin, si l'on vous dit : Les autres nations ont sur nous une foule d'avantages.

Répondez : Par l'échange, elles sont bien forcées de nous y faire participer.

—Si l'on vous dit : Avec la liberté, nous allons être inondés de pain, de bœuf à la mode, de houille et de paletots.

Répondez : Nous n'aurons ni faim ni froid.

—Si l'on vous dit : Avec quoi paierons-nous ?

Répondez : Que cela ne vous inquiète pas. Si nous sommes inondés, c'est que nous aurons pu payer, et si nous ne pouvons payer, nous ne serons pas inondés.

—Si l'on vous dit : J'admettrais le libre échange si l'étranger, en nous portant un produit, nous en prenait un autre ; mais il emportera notre numéraire.

Répondez : Le numéraire, pas plus que le café, ne pousse dans les champs de la Bauce, et ne sort des ateliers d'Elbeuf. Pour nous, payer l'étranger avec du numéraire, c'est comme le payer avec du café.

—Si l'on vous dit : Mangez de la viande

Répondez : Laissez-la entrer.

—Si l'on vous dit, comme la *Presse* : Quand on n'a pas de quoi acheter du pain, il faut acheter du bœuf.

Répondez . Conseil aussi judicieux que celui de M. Vautour à son locataire:

> Quand on n'a pas de quoi payer son terme,
> Il faut avoir une maison à soi.

— Si l'on vous dit, comme la *Presse* : L'État doit enseigner au peuple pourquoi et comment il faut manger du bœuf.

Répondez : Que l'État laisse seulement entrer le bœuf, et quant à le manger, le peuple le plus civilisé du monde est assez grand garçon pour l'apprendre sans maître.

— Si l'on vous dit : L'État doit tout savoir et prévoir pour diriger le peuple, et le peuple n'a qu'à se laisser diriger.

Répondez : Y a-t-il un État en dehors du peuple et une prévoyance humaine en dehors de l'humanité ? Archimède aurait pu répéter tous les jours de sa vie : Avec un levier et un point d'appui, je remuerai le monde, qu'il ne l'aurait pas pour cela remué, faute de point d'appui et de levier. — Le point d'appui de l'État, c'est la nation, et rien de plus insensé que de fonder tant d'espérances sur l'État, c'est-à-dire, de supposer la science et la prévoyance collectives, après avoir posé en fait l'imbécillité et l'imprévoyance individuelles.

— Si l'on vous dit ! Mon Dieu ! je ne demande pas de faveur, mais seulement un droit sur le blé et la viande qui compense les lourdes taxes auxquelles la France est assujettie ; un simple petit droit égal à ce que ces taxes ajoutent au prix de revient de mon blé.

Répondez : Mille pardons, mais moi aussi je paie des taxes. Si donc la protection que vous vous votez à vous-même a cet effet de grever pour moi votre blé tout juste de votre quote-part aux taxes, votre doucereuse demande ne tend à rien moins qu'à établir entre nous cet arrangement par vous formulé : « Attendu que les charges publiques sont pesantes, moi, vendeur de blé, je ne paierai rien du tout, et toi, mon voisin l'acheteur, tu paieras deux parts, savoir : la tienne et la mienne. » Marchand de blé, mon voisin, tu peux avoir pour toi la force ; mais, à coup sûr, tu n'as pas pour toi la raison.

—Si l'on vous dit : Il est pourtant bien dur pour moi, qui paie des taxes, de lutter sur mon propre marché, avec l'étranger qui n'en paie pas.

Repondez :

1º D'abord, ce n'est pas *votre* marché, mais *notre* marché. Moi qui vis de blé et qui le paie, je dois être compté pour quelque chose ;

2º Peu d'étrangers, par le temps qui court, sont exempts de taxes ;

3º Si la taxe que vous votez vous rend, en routes, canaux, sécurité, etc., plus qu'elle ne vous coûte, vous n'êtes pas justifiés de repousser, à mes dépens, la concurrence d'étrangers qui ne paient pas la taxe, mais n'ont pas non plus la sécurité, les routes, les canaux. Autant vaudrait dire : Je demande un droit compensateur, parce que j'ai de plus beaux habits, de plus forts chevaux, de meilleures charrues que le laboureur russe ;

4º Si la taxe ne rend pas ce qu'elle coûte, ne la votez pas.

5° Et en définitive, après avoir voté la taxe, vous plaît-il de vous y soustraire ? Imaginez un système qui la rejette sur l'étranger. Mais le tarif fait retomber votre quote-part sur moi qui ai déjà bien assez de la mienne.

— Si l'on vous dit : Chez les Russes, la liberté du commerce est nécessaire *pour échanger leurs produits avec avantage.* (Opinion de M. Thiers dans les bureaux, avril 1847.)

Répondez : La liberté est nécessaire partout et par le même motif.

—Si l'on vous dit : Chaque pays a ses besoins. C'est d'après cela qu'*il faut agir.* (M. Thiers.)

Répondez : C'est d'après cela qu'*il agit de lui-même* quand on ne l'en empêche pas.

— Si l'on vous dit : Puisque nous n'avons pas de tôles, il faut en permettre l'introduction. (M. Thiers.)

Répondez : Grand merci.

— Si l'on vous dit : Il faut du fret à la marine marchande. Le défaut de chargement au retour fait que notre marine ne peut lutter contre la marine étrangère. (M. Thiers.)

Répondez : Quand on veut tout faire chez soi, on ne peut avoir de fret ni à l'allée ni au retour. Il est aussi absurde de vouloir une marine avec le régime prohibitif qu'il le serait de vouloir des charrettes là où on aurait défendu tous transports.

—Si l'on vous dit : A supposer que la protection est injuste, tout s'est arrangé là-dessus ; il y a des capitaux engagés, des droits acquis ; on ne peut sortir de là sans souffrance.

Répondez : Toute injustice profite à quelqu'un (excepté, peut-être, la restriction qui à la longue ne profite à personne); arguer du dérangement que la cessation de l'injustice occasionne à celui qui en profite, c'est dire qu'une injustice, par cela seul qu'elle à existé un moment, doit être éternelle.

XVI. — La main droite et la main gauche.

(RAPPORT AU ROI.)

Sire,

Quand on voit ces hommes du *libre-échange* répandre audacieusement leur doctrine, soutenir que le droit d'acheter et de vendre est impliqué dans le droit de propriété (insolence que M. Billault a relevée en vrai avocat), il est permis de concevoir de sérieuses alarmes sur le sort du *travail national;* car que feront les Français de leurs bras et de leur intelligence quand ils seront libres?

L'administration que vous avez honorée de votre confiance a dû se préoccuper d'une situation aussi grave, et chercher dans sa sagesse une *protection* qu'on puisse substituer à celle qui paraît compromise. — Elle vous propose D'INTERDIRE A VOS FIDÈLES SUJETS L'USAGE DE LA MAIN DROITE.

Sire, ne nous faites pas l'injure de penser que nous avons adopté légèrement une mesure qui, au premier aspect, peut paraître bizarre. L'étude approfondie du *régime protecteur* nous a révélé ce syllogisme, sur lequel il repose tout entier.

Plus on travaille, plus on est riche;

Plus on a de difficultés à vaincre, plus on travaille;

Ergo, plus on a de difficultés à vaincre, plus on est riche.

Qu'est-ce, en effet, que la *protection*, sinon une application ingénieuse de ce raisonnement en forme, et si serré qu'il résisterait à la subtilité de M. Billault lui-même?

Personnifions le pays. Considérons-le comme un être collectif aux trente millions de bouches, et, par une conséquence naturelle, aux soixante millions de bras. Le voilà qui fait une pendule qu'il prétend troquer en Belgique contre dix quintaux de fer. Mais nous lui disons : Fais le fer toi-même. — Je ne le puis, répond-il, cela me prendrait trop de temps, je n'en ferais pas cinq quintaux pendant que je fais une pendule. — Utopiste! répliquons-nous, c'est pour cela même que nous te défendons de faire la pendule et t'ordonnons de faire le fer. Ne vois-tu pas que nous te créons du travail?

Sire, il n'aura pas échappé à votre sagacité que c'est absolument comme si nous disions au pays : *Travaille de la main gauche et non de la droite.*

Créer des obstacles pour fournir au travail l'occasion de se développer, tel est le principe de la *restriction* qui se meurt. C'est aussi le principe de la *restriction* qui va naître. Sire, réglementer ainsi, ce n'est pas innover, c'est persévérer.

Quant à l'efficacité de la mesure, elle est incontestable. Il est malaisé, beaucoup plus malaisé qu'on ne pense, d'exécuter de la main gauche ce qu'on avait coutume de faire de la droite. Vous vous en convaincrez, Sire, si vous daignez condescendre à expérimenter notre système sur un acte qui vous soit familier, comme, par exemple, celui de brouiller des cartes. Nous pouvons donc nous flatter d'ouvrir au travail une carrière illimitée.

Quand les ouvriers de toutes sortes seront réduits à leur main gauche, représentons-nous, Sire, le nombre immense qu'il en faudra pour faire face à l'ensemble de la consommation actuelle, en la supposant invariable, ce que nous faisons toujours quand nous comparons entre eux des systèmes de production opposés. Une demande si prodigieuse de main-d'œuvre ne peut manquer de déterminer une hausse considérable des salaires, et le paupérisme disparaîtra du pays comme par enchantement.

Sire, votre cœur paternel se réjouira de penser que les bienfaits de l'ordonnance s'étendront aussi sur cette intéressante portion de la grande famille dont le sort excite toute votre sollicitude. Quelle est la destinée des femmes en France? Le sexe le plus audacieux et le plus endurci aux fatigues les chasse insensiblement de toutes les carrières.

Autrefois elles avaient la ressource des bureaux de loterie. Ils ont été fermés par une philanthropie impitoyable; et sous quel prétexte? « Pour épargner, disait-elle, le denier du pauvre. » Hélas!

le pauvre a-t-il jamais obtenu d'une pièce de monnaie des jouissances aussi douces et aussi innocentes que celles que renfermait pour lui l'urne mystérieuse de la fortune ? Sevré de toutes les douceurs de la vie, quand il mettait, de quinzaine en quinzaine, le prix d'une journée de travail sur un *quaterne sec*, combien d'heures délicieuses n'introduisait-il pas au sein de sa famille ? L'espérance avait toujours sa place au foyer domestique. La mansarde se peuplait d'illusions : la femme se promettait d'éclipser ses voisines par l'éclat de sa mise, le fils se voyait tambour-major, la fille se sentait entraînée vers l'autel au bras de son fiancé.

C'est quelque chose encor que de faire un beau rêve !

Oh ! la loterie, c'était la poésie du pauvre, et l'avons-nous laissée échapper !

Là loterie défunte, quels moyens avons-nous de pourvoir nos protégées ? Le tabac et la poste.

Le tabac, à la bonne heure ; il progresse, grâce au ciel et aux habitudes distinguées que d'augustes exemples ont su, fort habilement, faire prévaloir parmi notre élégante jeunesse.

Mais la poste !....... Nous n'en dirons rien, elle fera l'objet d'un rapport spécial.

Sauf donc le tabac, que reste-t-il à vos sujettes ? Rien que la broderie, le tricot et la couture, tristes ressources qu'une science barbare, la mécanique, restreint de plus en plus.

Mais sitôt que votre ordonnance aura paru, sitôt

que les mains droites seront coupées ou attachées, tout va changer de face. Vingt fois, trente fois plus de brodeuses, lisseuses et repasseuses, lingères, conturières et chemisières ne suffiront pas à la consommation (honni soit qui mal y pense) du royaume, toujours en la supposant invariable, selon notre manière de raisonner.

Il est vrai que cette supposition pourra être contestée par de froids théoriciens, car les robes seront plus chères et les chemises aussi. Autant ils en disent du fer que la France tire de nos mines comparé à celui qu'elle pourrait *vendanger* sur nos coteaux. Cet argument n'est donc pas plus recevable contre la *gaucherie* que contre la *protection*, car cette cherté même est le résultat et le signe de l'excédant d'efforts et de travaux qui est justement la base sur laquelle, dans un cas comme dans l'autre, nous prétendons fonder la prospérité de la classe ouvrière.

Oui, nous nous faisons un touchant tableau de la prospérité de l'industrie couturière. Quel mouvement ! quelle activité ! quelle vie ! Chaque robe occupera cent doigts au lieu de dix. Il n'y aura plus une jeune fille oisive, et nous n'avons pas besoin, Sire, de signaler à votre perspicacité les conséquences morales de cette grande révolution. Non-seulement il y aura plus de filles occupées, mais chacune d'elles gagnera davantage, car elles ne pourront suffire à la demande ; et si la concurrence se montre encore, ce ne sera plus entre les ouvrières qui font les robes, mais entre les belles dames qui les portent.

Vous le voyez, Sire, notre proposition n'est pas seulement conforme aux traditions économiques du gouvernement, elle est encore essentiellement morale et démocratique.

Pour apprécier ses effets, supposons-la réalisée, transportons-nous par la pensée dans l'avenir ; imaginons le système en action depuis vingt ans. L'oisiveté est bannie du pays ; l'aisance et la concorde, le contentement et la moralité ont pénétré avec le travail dans toutes les familles ; plus de misère, plus de prostitution. La main gauche étant fort gauche à la besogne, l'ouvrage surabonde, et la rémunération est satisfaisante. Tout s'est arrangé là-dessus ; les ateliers se sont peuplés en conséquence. N'est-il pas vrai, Sire, que si, tout à coup, des utopistes venaient réclamer la liberté de la main droite, ils jetteraient l'alarme dans le pays ? N'est-il pas vrai que cette prétendue réforme bouleverserait toutes les existences ? Donc notre système est bon, quoiqu'on ne le pourrait détruire sans douleurs.

Et cependant, nous avons le triste pressentiment qu'un jour il se formera (tant est grande la perversité humaine) une association pour la liberté des mains droites.

Il nous semble déjà entendre les libre-dextéristes tenir, à la salle Montesquieu, ce langage :

« Peuple, tu te crois plus riche parce qu'on t'a

» ôté l'usage d'une main ; tu ne vois que le sur-
» croît de travail qui t'en revient. Mais regarde
» donc aussi la cherté qui en résulte, le décroisse-
» ment forcé de toutes les consommations. Cette
» mesure n'a pas rendu plus abondante la source
» des salaires, le capital. Les eaux qui coulent de
» ce grand réservoir sont dirigées vers d'autres
» canaux, leur volume n'est pas augmenté ; et le
» résultat définitif est, pour la nation en masse,
» une déperdition de bien-être égale à tout ce que
» des millions de mains droites peuvent produire
» de plus qu'un égal nombre de mains gauches.
» Donc, liguons-nous, et au prix de quelques dé-
» rangements inévitables, conquérons le droit de
» travailler de toutes mains. »

Heureusement, Sire, il se formera une *associa-*
tion pour la défense du travail par la main
gauche, et les *Sinistristes* n'auront pas de peine
à réduire à néant toutes ces généralités et idéali-
tés, suppositions et abstractions, rêveries et utopies. Ils n'auront qu'à exhumer le *Moniteur in-*
dustriel de 1846 : ils y trouveront, contre *la liberté*
des échanges, des arguments tout faits qui pulvé-
risent si merveilleusement *la liberté de la main*
droite, qu'il leur suffira de substituer un mot à
l'autre.

« La ligue parisienne pour la *liberté du com-*
» *merce* ne doutait pas du concours des ouvriers..
» Mais les ouvriers ne sont plus des hommes que
» l'on mène par le bout du nez. Ils ont les yeux

» ouverts et ils savent mieux l'économie politique
» que nos professeurs patentés…. La *liberté du*
» *commerce*, ont-ils répondu, nous enlèverait
» notre travail, et le travail c'est notre propriété
» réelle, grande souveraine : *avec le travail, avec*
» *beaucoup de travail, le prix des marchandi-*
» *ses n'est jamais inaccessible.* Mais sans travail,
» le pain ne coûtât-il qu'un sou la livre, l'ouvrier
» est forcé de mourir de faim. Or, vos doctrines,
» au lieu d'augmenter la somme actuelle du tra-
» vail en France, la diminueront, c'est-à-dire que
» vous nous réduirez à la misère. (Numéro du 13
» octobre 1846.)

» Quand il y a trop de marchandises à vendre,
» leur prix s'abaisse à la vérité; mais comme le sa-
» laire diminue quand la marchandise perd de sa
» valeur, il en résulte qu'au lieu d'être en état d'a-
» cheter, nous ne pouvons plus rien acheter. C'est
» donc quand la marchandise est à vil prix que
» l'ouvrier est le plus malheureux. » (Gauthier de
» Rumilly, *Moniteur industriel* du 17 novem-
» bre.)

Il ne sera pas mal que les *Sinistristes* entremê-
lent quelques menaces dans leurs belles théories.
En voici le modèle :

« Quoi ! vouloir substituer le travail de la main
» droite à celui de la main gauche et amener ainsi
» l'abaissement forcé, sinon l'anéantissement du
» salaire, seule ressource de presque toute la na-
» tion !

» Et cela au moment où des récoltes incom-
» plètes imposent déjà de pénibles sacrifices à
» l'ouvrier, l'inquiètent sur son avenir, le rendent
» plus accessible aux mauvais conseils et prêt à
» sortir de cette conduite si sage qu'il a tenue jus-
» qu'ici ! »

Nous avons la confiance, Sire, que grâce à des raisonnements si savants, si la lutte s'engage, la main gauche en sortira victorieuse.

Peut-être se formera-t-il aussi une association dans le but de rechercher si la main droite et la main gauche n'ont pas tort toutes deux et s'il n'y a point entre elles une troisième main, afin de tout concilier.

Après avoir peint les *Dextéristes* comme séduits par *la libéralité apparente d'un principe dont l'expérience n'a pas encore vérifié l'exactitude*, et les *Sinistristes* comme se cantonnant dans des positions acquises :

« Et l'on nie, dira-t-elle, qu'il y ait un troisième
» parti à prendre au milieu du conflit ? et l'on ne
» voit pas que les ouvriers ont à se défendre à la
» fois et contre ceux qui ne veulent rien changer
» à la situation actuelle, parce qu'ils y trouvent
» avantage, et contre ceux qui rêvent un boule-
» versement économique dont ils n'ont calculé ni
» l'étendue ni la portée? » (*National* du 16 octobre.)

Nous ne voulons pourtant pas dissimuler à Votre Majesté, Sire, que notre projet a un côté vulnérable. On pourra nous dire : Dans vingt ans, toutes les mains gauches seront aussi habiles que le sont maintenant les mains droites, et vous ne pourrez plus compter sur la *gaucherie* pour accroître le travail national.

A cela, nous répondons que, selon de doctes médecins, la partie gauche du corps humain a une faiblesse naturelle tout à fait rassurante pour l'avenir du travail.

Et, après tout, consentez, Sire, à signer l'ordonnance, et un grand principe aura prévalu. *Toute richesse provient de l'intensité du travail.* Il nous sera facile d'en étendre et varier les applications. Nous décréterons, par exemple, qu'il ne sera plus permis de travailler qu'avec le pied. Cela n'est pas plus impossible (puisque cela s'est vu) que d'extraire du fer des vases de la Seine. On a vu même des hommes écrire avec le dos. Vous voyez, Sire, que les moyens d'accroître le travail national ne nous manqueront pas. En désespoir de cause, il nous resterait la ressource illimitée des amputations.

Enfin, Sire. si ce rapport n'était destiné à la publicité, nous appellerions votre attention sur la grande influence que tous les systèmes analogues à celui que nous vous soumettons sont de nature à donner aux hommes du pouvoir. Mais c'est une matière que nous nous réservons de traiter en conseil privé.

XVII. -- Domination par le Travail.

« De même qu'en temps de guerre on arrive à
la domination par la supériorité des armes, peut-
on, en temps de paix, arriver à la domination par
la supériorité du travail ? »

Cette question est du plus haut intérêt à une
époque où on ne paraît pas mettre en doute que
dans le champ de l'industrie, comme sur le champ
de bataille, *le plus fort écrase le plus faible.*

Pour qu'il en soit ainsi, il faut que l'on ait découvert entre le travail qui s'exerce sur les choses
et la violence qui s'exerce sur les hommes une
triste et décourageante analogie ; car, comment
ces deux genres d'actions seraient-elles identiques
dans leurs effets, si elles étaient opposées par leur
nature ?

Et s'il est vrai qu'en industrie comme en guerre,
la domination est le résultat nécessaire de la supériorité, qu'avons-nous à nous occuper de progrès, d'économie sociale, puisque nous sommes
dans un monde où tout a été arrangé de telle
sorte par la Providence qu'un même effet, l'op-

pression, sort fatalement des principes les plus opposés?

A propos de la politique toute nouvelle où la liberté commerciale entraîne l'Angleterre, beaucoup de personnes font cette objection qui préoccupe, j'en conviens, les esprits les plus sincères : « L'Angleterre fait-elle autre chose que poursuivre le même but par un autre moyen? N'aspire-t-elle pas toujours à l'universelle suprématie? Sûre de la supériorité de ses capitaux et de son travail, n'appelle-t-elle pas la libre concurrence pour étouffer l'industrie du continent, régner en souveraine, et conquérir le privilége de nourrir et vêtir les peuples ruinés? »

Il me serait facile de démontrer que ces alarmes sont chimériques; que notre prétendue infériorité est de beaucoup exagérée ; qu'il n'est aucune de nos grandes industries qui, non-seulement ne résiste, mais encore ne se développe sous l'action de la concurrence extérieure, et que son effet infaillible est d'amener un accroissement de consommation générale capable d'absorber à la fois les produits du dehors et ceux du dedans.

Aujourd'hui je veux attaquer l'objection de front, lui laissant toute sa force et tout l'avantage du terrain qu'elle a choisi. Mettant de côté les Anglais et les Français, je rechercherai, d'une manière générale, si, alors même que, par sa supériorité dans une branche d'industrie, un peuple vient à étouffer l'industrie similaire d'un autre peuple, celui-là a fait un pas vers la domination et celui-ci vers la dépendance ; en d'autres termes, si tous deux ne gagnent pas dans l'opération, et si ce n'est pas le vaincu qui y gagne davantage.

Si l'on ne voit dans un produit que l'*occasion d'un travail*, il est certain que les alarmes des protectionnistes sont fondées. A ne considérer le fer, par exemple, que dans ses rapports avec les maîtres de forges, on pourrait craindre que la concurrence d'un pays où il serait un don gratuit de la nature n'éteignît les hauts-fourneaux dans un autre pays où il y aurait rareté de minerai et de combustible.

Mais est-ce là une vue complète du sujet ? Le fer n'a-t-il de rapports qu'avec ceux qui le font ? est-il étranger à ceux qui l'emploient? sa destination définitive, unique, est-elle d'être produit ? et, s'il est utile, non à cause du travail dont il est l'occasion, mais à raison des qualités qu'il possède, des nombreux services auxquels sa dureté, sa malléabilité le rendent propre, ne s'ensuit-il pas que l'étranger ne peut en réduire le prix, même au point d'en empêcher la production chez nous, sans nous faire plus de bien sous ce dernier rapport, qu'il ne ne nous fait de mal sous le premier ?

Qu'on veuille bien considérer qu'il est une foule de choses que les étrangers, par les avantages naturels dont ils sont entourés , nous empêchent de produire directement, et à l'égard desquelles nous sommes placés, *en réalité*, dans la position hypothétique que nous examinons quant au fer. Nous ne produisons chez nous ni le thé, ni le café, ni l'or, ni l'argent. Est-ce à dire que notre travail en masse en est diminué? Non; seulement, pour créer la contre-valeur de ces choses, pour les acquérir par voie d'échange, nous détachons de notre travail général une portion *moins grande* qu'il n'en faudrait pour les produire nous-mêmes. Il nous en reste plus à consacrer à d'autres satisfactions. Nous sommes plus riches, plus forts d'autant. Tout ce qu'a pu faire la rivalité extérieure, même dans ces cas où elle nous interdit d'une manière absolue une forme déterminée de travail, c'est de l'économiser, d'accroître notre puissance productive. Est-ce là, pour l'étranger, le chemin de la *domination*?

Si l'on trouvait en France une mine d'or, il ne s'ensuit pas que nous eussions intérêt à l'exploiter. Il est même certain que l'entreprise devrait être négligée si chaque once d'or absorbait plus de notre travail qu'une once d'or achetée au Mexique avec du drap. En ce cas, il vaudrait mieux continuer à voir nos mines dans nos métiers. — Ce qui est vrai de l'or, l'est du fer.

L'illusion provient de ce qu'on ne voit pas une chose. C'est que la supériorité étrangère n'empêche jamais le travail national que sous une forme déterminée, et en le rendant superflu sous cette forme, puisqu'il met à notre disposition le résultat même du travail ainsi anéanti. Si les hommes vivaient dans des cloches, sous une couche d'eau, et qu'ils dussent se pourvoir d'air par l'action de la pompe, il y aurait là une source immense de travail. Porter atteinte à ce travail, *en laissant les hommes dans cette condition,* ce serait leur infliger un effroyable dommage. Mais si le travail ne cesse que parce que la nécessité n'y est plus, parce que les hommes sont placés dans un autre milieu où l'air est mis, sans effort, en contact avec leurs poumons, alors la perte de ce travail n'est nullement regrettable, si ce n'est aux yeux de ceux qui s'obstinent à n'apprécier dans le travail que le travail même.

C'est là précisément cette nature de travail qu'anéantissent graduellement les machines, la liberté commerciale, le progrès en tous genres; non le travail utile, mais le travail devenu superflu, surnuméraire, sans objet, sans résultat. Par contre, la protection le remet en œuvre; elle nous replace sous la couche d'eau pour nous fournir l'occasion de pomper; elle nous force à demander l'or à une mine nationale inaccessible, plutôt qu'à nos métiers nationaux. Tout son effet est dans ce mot : *déperdition de forces.*

On comprend que je parle ici des effets généraux, et non des froissements temporaires qu'occasionne le passage d'un mauvais système à un bon. Un dérangement momentané accompagne

nécessairement tout progrès. Ce peut être une raison pour adoucir la transition ; ce n'en est pas une
pour interdire systématiquement tout progrès,
encore moins pour le méconnaître.

On nous représente l'industrie comme une lutte.
Cela n'est pas vrai, ou cela n'est vrai que si l'on
se borne à considérer chaque industrie dans ses
effets sur une autre industrie similaire, en les iso-
lant toutes deux, par la pensée, du reste de l'humanité. Mais il y a autre chose : il y a ses effets
sur la consommation, sur le bien-être général.

Voilà pourquoi il n'est pas permis d'assimiler,
comme on le fait, le travail à la guerre.

Dans la guerre, le plus fort accable le plus
faible.

Dans le travail, le plus fort *communique de la
force au plus faible.* Cela détruit radicalement
l'analogie.

Les Anglais ont beau être forts et habiles, avoir
des capitaux énormes et *amortis*, disposer de
deux grandes puissances de production, le fer et
le feu ; tout cela se traduit en *bon marché* du
produit. Et qui gagne au bon marché du produit ?
Celui qui l'achète.

Il n'est pas en leur puissance d'anéantir d'une
manière absolue une portion quelconque de notre
travail. Tout ce qu'ils peuvent faire c'est de le
rendre superflu pour un résultat acquis, de donner l'air en même temps qu'ils suppriment la
pompe, d'accroître ainsi notre force disponible,

et de rendre, chose remarquable, leur prétendue domination d'autant plus impossible que leur supériorité serait plus incontestable.

Ainsi nous arrivons, par une démonstration rigoureuse et consolante, à cette conclusion, que le *travail* et la *violence*, si opposés par leur nature, ne le sont pas moins, quoi qu'en disent protectionnistes et socialistes, par leurs effets.

Il nous a suffi pour cela de distinguer entre du travail *anéanti* et du travail *économisé* :

Avoir moins de fer *parce qu'on* travaille moins,

Où avoir plus de fer *quoi qu'on* travaille moins,

Ce sont. choses plus que différentes ; elles sont opposées. Les protectionnistes les confondent, nous ne les confondons pas. Voilà tout.

Qu'on se persuade bien une chose. Si les Anglais mettent en œuvre beaucoup d'activité, de travail, de capitaux, d'intelligence, de forces naturelles, ce n'est pas pour nos beaux yeux. C'est pour se donner à eux-mêmes beaucoup de satisfactions en échange de leurs produits. Ils veulent certainement recevoir au moins autant qu'ils donnent, et *ils fabriquent chez eux le paiement de ce qu'ils achètent ailleurs.* Si donc ils nous inondent de leurs produits, c'est qu'ils entendent être inondés des nôtres. Dans ce cas, le meilleur moyen d'en avoir beaucoup pour nous-mêmes, c'est d'être libres de choisir, pour l'acquisition, entre ces deux procédés : production immédiate, production médiate. Tout le machiavélisme britannique ne nous fera pas faire un mauvais choix.

Cessons donc d'assimiler puérilement la concurrence industrielle à la guerre ; fausse assimilation qui tire tout ce qu'elle a de spécieux de ce qu'on isole deux industries rivales pour juger les effets de la concurrence. Sitôt qu'on fait entrer en ligne de compte l'effet produit sur le bien-être général, l'analogie disparaît.

Dans une bataille, celui qui est tué est bien tué, et l'armée est affaiblie d'autant. En industrie, une usine ne succombe qu'autant que l'ensemble du travail national remplace ce qu'elle produisait, *avec un excédant*. Imaginons un état de choses où pour un homme resté sur le carreau, il en ressuscite deux pleins de force et de vigueur. S'il est une planète où les choses se passent ainsi, il faut convenir que la guerre s'y fait dans des conditions si différentes de ce que nous la voyons ici-bas, qu'elle n'en mérite pas même le nom.

Or, c'est là le caractère distinctif de ce qu'on a nommé si mal à propos *guerre industrielle*.

Que les Belges et les Anglais baissent le prix de leur fer, s'ils le peuvent, qu'ils le baissent encore et toujours, jusqu'à l'anéantir. Ils peuvent bien par là éteindre un de nos hauts-fourneaux, tuer un de nos soldats ; mais je les défie d'empêcher qu'aussitôt et par une conséquence *nécessaire* de ce bon marché lui-même, mille autres industries se ressuscitent, ne se développent plus profitables que l'industrie mise hors de combat.

Concluons que la domination par le travail est impossible et contradictoire, puisque toute supériorité qui se manifeste chez un peuple se traduit en bon marché et n'aboutit qu'à communiquer de la force à tous les autres. Bannissons de l'économie politique toutes ces expressions empruntées au vocabulaire des batailles : *Lutter à armes égales, vaincre, écraser, étouffer, être battu, invasion, tribut.* Que signifient ces locutions ? Pressez-les, et il n'en sort rien. Nous nous trompons, il en sort d'absurdes erreurs et de funestes préjugés. Ce sont ces mots qui arrêtent la fusion des peuples, leur pacifique, universelle, indissoluble alliance, et le progrès de l'humanité !

FIN.

TABLE.

—

FIN DE LA TABLE.